若者が考える「日中の未来」vol.9

嫌中感情に打ち勝つ「華流」の可能性

—第11回宮本賞 受賞論文集—

元駐中国大使
宮本 雄二 監修　日中関係学会 編

日本僑報社

まえがき

日中関係学会（会長：宮本雄二元駐中国大使）は、2012年から毎年、「宮本賞（学生懸賞論文）」を募集してきました。本書では、2022年度に募集した第11回宮本賞の受賞論文12本を全文掲載し、皆様にお送りします。

宮本賞は、若い世代の皆さんが、日本と中国ないし東アジアの関係に強い関心を持ち、よりよい関係の構築のために大きな力を発揮していただきたい、また日中関係学会の諸活動に積極的にご参加いただき、この地域の世論をリードしていってもらいたい。そのための「人材発掘・育成」を目的として2012年に設立し、2021年度は第10回目の節目を、また2022年度は第11回目を迎え、次の10年を目指し新たな一歩を踏み出しました。

第11回宮本賞では、「学部生の部」で25本、「院生の部」で19本、合計44本の応募がありました。過去最多を記録した第8回の87本、また、新型コロナウィルスの感染拡大で影響を受けた第9回、第10回の69本、68本と比較しても、応募本数は残念ながら大幅な減少を示しています。その原因の一つとして、悪化する日中関係の影響による可能性も排除できないでしょう。

国際情勢に目を向けてみれば、米中対立激化によって複雑化していた国際秩序は、昨年2月のロシアによるウクライナ侵攻を契機として、益々混迷の度合いを深めています。自由社会を標榜する日本を含む西側諸国と、権威主義とされるロシア、中国などの対立により、世界の分断が加速しているようにも見受けられます。宮本賞のこれからの道のりは、決して平たんなものではないとの予兆を感じます。

しかし、このような時代であるからこそ、わたしたちはアジアにおける隣国同士として、より良い関係を築いていくための努力をたゆまず継続していくことが重要であります。ともすれば、忙しい日常生活の中で、巷にあふれるメディアなどの論調に流され、日中関係について深く考える人は残念ながらそう多くはないと思われますが、そのような方たちに、是非、この論文集を手に取っていただきたいと思います。若い世代が、よりよい両国関係構築のために知恵を絞った数々の提言の中に、必ずや貴重な手がかりを発見されることと思います。

昨年、宮本賞の主催団体である日中関係学会も、設立30周年という節目の年を迎えました。次なる30年後を目指す活動の中で、次代を担う若者の育成を目的とする宮本賞の活動は、益々大きな比重を占めることになるでしょう。

次回以降も、皆様方のご協力を得て、よりすばらしい「宮本賞」に発展させていければと願っております。

2023年2月

日中関係学会会長・「宮本賞」審査委員長
宮本雄二

第11回宮本賞（学生懸賞論文）の実施プログラムは、東芝国際交流財団からの助成を受けております。

目　次

特別賞

付　録

最優秀賞

嫌中感情に打ち勝つ「華流」の可能性

～「韓流」との比較から見る～

東京大学法学部第3類4年
呉雨欣

はじめに

現在の世界情勢を語る上では、米中関係の緊張がその前提となっている。そして日本は中国の隣国であり、アメリカの同盟国でもあるため、日中関係の先行きは注目されている。

高原明生先生の四要因モデルによると、日中関係を動かす要因は大まかに四つの領域に分類することができる。それは、①国内政治、②経済利益、③国際環境と安全保障、④国民の感情、認識、アイデンティティである[1]。

しかし「国民感情」という要因から見ると、日中関係の未来は楽観的とは言えない。言論NPOが実施している「日中世論調査」の最新結果[2]によれば、対日印象が良くない中国人の割合は66.1％で、8年ぶりに上昇したが、中国にマイナスの印象を持っている日本人は9割を超えていて、今の日中関係を良いと思う人は2.6％に減少していた。

日本では「嫌中」が根強く残っていると言えるだろう。政治や安全保障面の原因もあるが、コロナ禍の現状により国民間の直接交流がほぼ途絶え、情報源が自国のテレビなどに限られたことが国民感情をますます悪化させたという可能性も考えられる。

人との交流を維持して信頼関係を深めるためには、インターネットを通じた交流の重要性が高まりつつある。音楽、アニメそしてゲームなどの国境を越える流通は、新型コロナウイルス感染拡大に影響されず、高効率に行える。

ここ数年、中国も中国産アニメやゲームなどの日本進出に注力しており、作品を通して日本での中国のイメージを改善することも期待されている。では、ACG文化[3]の交流は、日本社会の対中認識や国民感情の改善につなげることができるのだろうか。

本稿においては、中国産ACGが日本人の対中イメージ改善に繋がる可能性について考察をしたい。以下、一章では日本市場への進出に成功したと言える二つの例；『原神』と『魔道祖師』を簡単に紹介し、日本で人気を得た理由について分析する。

二章では世界で存在感を高めている「韓流」の日本での発展現状について説明し、この状況を踏まえ、中国からの文化輸出に対する示唆を考えたい。次に、三章では二章から得られた示唆に基づいて、「原神」などの作品が対中認識を改善する可能性についての分析を行う。そして四章では今後の課題を提示し、最後に分析から得られる結論をまとめる。

一、中国ACGの日本進出

1-1 『原神』

中国製ゲームの海外進出において、日本で最も影響力を持った例をあげると『原神』しか思い当たらない。

『原神』は、中国のゲーム会社miHoYoによって開発されたオンラインゲームである。本社は上海にあるが、中国国外に向けてのサービスはシンガポールにある子会社によりHoYoverseというブランドで展開している。ゲームのジャンルはオープンワールドRPG（ロールプレイングゲーム）であって、プレイは基本無料だが、欲しいキャラクターや武器を手に入れるために課金されることもある。

ゲームの内容としては、主人公が生き別れた兄妹を探すために多くの人々と出会い、ティワットという幻想大陸を旅するというのがメインストーリーである。ティワットは7つの国によって構成され、そのそれぞれが現実に存在する国をイメージして作られている。

例えば璃月（リーユエ）という国は、その読み方からも推測できるように中国をモデルとする国である。そして日本文化を大量に取り入れたデザインを持つ稲妻や、エジプトと古代ペルシャの文化を合わせて作られたスメールなど、いろいろな国が存在している。

その商業的な業績も目覚ましい。アメリカのモバイルアプリ調査会社Sensor Towerのデータによると、『原神』は2020年9月末に発売を開始して以来、2021年2月末までの5ヶ月間で約950億円の売上げを達成し、モバイルRPGの一位となった[4]。

また、同社が2022年6月に実施した調査では、6月単月のモバイルゲームの売上げ第2位は『原神』の211億円という結果であった。売り上げの44%が中国、次いで25.5%が日本という内訳である[5]。ツイッターが発表した2022年上半期に「世界で最も話題に上がったゲーム」の1位も『原神』であった。

1-2 『魔道祖師』

ゲーム産業だけではなく、中国発アニメーションも続々と日本に進出しており、その代表例が『魔道祖師』という作品である。

『魔道祖師』は中国のオンライン作家、墨香銅臭が手がけたBL（ボーイズラブ）小説を原作としたアニメである。日本では2020年より字幕版の放送を開始し、2021年には吹き替え版のTV放送も始まって大きな話題を集めた。

日本版の制作を担当したプロデューサーは、「日本のアニメ制作の技術やノウハウを取り入れながらも、日本のアニメとは異なる手法で作られた作品だ」と評価し、中国発アニメを指す「ドンホワ」（動画）も世界中のアニメファンの中で定着しつつあるという[6]。

そうした人気にあやかり、日本における『魔道祖師』のドラマ版の放送、そして原作の出版なども次々と展開された。同じ著者の別の小説『天官賜福』をアニメ化した作品も、2021年7月に日本で放送が開始された。アニメの関連商品を販売する専門店では、『魔道祖師』のポスターが『黒執事』や『文豪ストレイドッグス』などの日本の名作アニメと並んで売られており、その人気ぶりがうかがえる。

1-3 成功の理由

作品自体の質の高さはともかくとして、『原神』や『魔道祖師』のような作品が日本で成功できた理由としては、以下の二つが考えられる。

先ず、入念なローカライズ作業である。例えば内容を日本語に訳す時には、中国特有の表現や文言の使い方を伝えるのと同時に、日本のプレイヤー、または視聴者にも配慮していろいろな工夫がなされている。

『魔道祖師』では、地名などの固有名詞を親しみやすい日本語読みにしたが、キャラクターのアイデンティティは国際的な統一感が尊重されるため、キャラクターの名前は中国語読みにされた。

また『原神』では、同じ中国由来のキャラクターでも、性格や読みやすさなどによって発音の仕方が異なり、「香菱（シャンリン）」のような中国語発音、「鐘離（ショウリ）」のような日本語音読みや、「行秋（ユクアキ）」のような日本語訓読みといった三種類があるといった具合だ。さらに声優においても、日本人に馴染みのある声優をキャスティングするよう配慮している。

更に、中国国内と海外では違う運営方式で展開しているのも、この二つの作品の共通点である。中国本国では女性キャラクターの衣装が様々な規制を受けるため、『原神』の中国版と海外版では異なる衣装デザインが使われている。

また同性愛に関する作品は中国では厳しく規制されているため、『魔道祖師』の中国版は男子間の友情を描く作品として宣伝されたが、日本ではBL作品だと堂々と打ち出されている。タイで実写化された中国製BLマンガ「ほら、耳がみえてるよ！」（喂，看见耳朵啦！）も同様である。

二、日本における「韓流」

韓国は中国と同じく、日本との間に政府間のトラブルや、歴史問題が存在する国である。しかし中国の文化輸出とは異なり、日本では「韓流」という言葉が社会に馴染むほど、韓国発の文化事業が展開されて久しい。

二章では「韓流」が流行する現状と、それを踏まえて中国に対する示唆について考察していきたい。

2-1　現状

日本で「韓流」と言えば、2003年における「冬のソナタ」の大ヒットや、2011年にK-POPグループKARAが紅白歌合戦に出場したことを思い出す人は多いだろう。

「それはもう十数年前の話で、韓流ブームはすでに終わった」と言う声も聞かれるが、2022年の現在でも「韓流」はまだ健在で、しかも更なる進化を遂げていると考えられる。

地上波よりオンライン動画配信サービスの方が大衆に選ばれる近年、韓流ドラマはNetflixなどの配信サイトを通じて日本中で流行っている。中でも「愛の不時着」は社会現象にもなったほど大ヒットした。

音楽の領域でも、BTSやSEVENTEENをはじめとするアイドルグループが次から次へと日本市場で活動を始め、売上ランキングや配信ランキングの上位を占めている。日韓関係の悪化も新型コロナウイルスの流行も、このような文化交流を堰き止めることはなかった。

さらにK-POPなどサブカルチャー扱いされる領域を通じて、韓国文学も日本や世界で存在感を高めている。例えばベストセラーになった小説『82年生まれ、キム・ジヨン』である。韓国の人気俳優コン・ユ（彼の代表作『トッケビ』も日本でヒットした）と、女優のチョン・ユミの共演で映画化されたことが話題となったため、その原作の小説は日本で翻訳出版された。

また、本屋やレコード店に行くと、「BTS本」という言葉が時折目につく。それはBTSのメンバーが書いた本でもなく、また、BTSについて紹介している本でもない。「BTS本」というのは、BTSのメンバーが読んでいた本である。ファンがアイドルと一緒の本を読みたいという心理から始まり、その心理に応えようとする書店の宣伝により、韓国文学に対する認知度が自然に高まっている。

ファンの関心はやがて一般読者にまで広がる。出版社クオンの代表である金承福氏によると、今は「BTSが読んでいた本」という情報があると、「オファーが殺到し、版権確保競争になることが多い」とのことである[7]。

2-2 「サブカルからハイカルチャーへ」

このように、サブカルチャーを通して親しんだ文化がハイカルチャーへの関心に広まっていく過程を、金承福氏は「サブカルからハイカルチャーへ」と名づけた。

彼女によると、この過程は90年代初めの韓国の青少年が経験したJ-POPから日本文学に至るまでのプロセスとかなり近似している。日本の音楽、アニメなどに憧れる人が、時を経て、村上春樹、吉本ばなな、東野圭吾の作品を読むようになり、最終的には日本社会への理解と文化への親近感につながっていく。

実はこのような過程は韓国だけではなく、中国人の対日感情にも働いていると考えられる。日本製アニメを見て育った世代は日本文化に親しみを持ち、作品の中に出てきた日本食を食べてみたい、日本の本を読んでみたい、日本の街を歩きたい、と思うようになる。

また、日本のアイドルを好きになった子どもたちが、アイドルが出るバラエティ番組を数多く見ることで、日本の社会事情について非常に詳しくなる事例もよくある。日本に来る中国人留学生のほとんどは、このようなサブカルチャーから入って、徐々に日本社会を知り、理解を深めてきたために日本で生活したいと思うようになったものと考えられる。

世界がインターネットによって繋がっている現在、「好き」を時間差なく、全世界に向けて受発信できることから、ファンが発信する情報はさらに広がっていくだろう。

人々は他国のサブカルチャー作品を通じてより大衆的な文化を知り、その国で暮らしている人々の生活を自ら見て、体験して感じることで、その経験はやがて異なる社会への見方に影響を与えるようになる。

「隣国の人々ともっと理解し合いたい」、「平和な東アジアを構築しなければならない」といった認識は、政府間の外交姿勢とは無関係に、市民たちが既に自ら獲得しているのだ。いわゆる「韓流」、「日流」ファンは、文化交流を通じて隣国との協調や友好を実践しているのだと、京都大学教授の小倉紀蔵氏は高く評価をしている[8]。

三、中国ACGの可能性

流行音楽への興味が、文学、そして社会への興味につながる可能性が高いという点は、「韓流」の進化から得られる示唆である。しかし、ACGは韓国ドラマや音楽とはかなり違うではないか、という疑問が出てくるかもしれない。

ゲームやアニメの世界はそもそも現実世界ではないため、果たして中国のACG文化は現実の中国社会への見方に影響を与えることができるのだろうか。三章では、上述の作品の中身を挙げつつ、可能性を検討していく。

3-1　『原神』

一章で紹介したように、『原神』には璃月という中国をイメージした国が存在している。この国の自然環境は、広西省の桂林、湖南省の張家界や、四川省の黄龍などの景観をゲーム内で再現したものである。そして、登場するキャラクターたちは全員「長順」や「小雨」のような典型的な中国人の名前を持っている。

それらに加えて、ゲーム内で出てくる璃月料理、建築、植物なども全て現実世界に原型がある。例えば「水晶蝦」は明らかに広東料理の中の海老蒸し餃子であって、「仙跳墻」も中華料理の有名料理「佛跳墻」に由来している。

このように、『原神』では大量に中国文化の要素が取り込まれている。それゆえに、ゲームを通して、中国社会への親近感を生み出す可能性は十分あると思う。その一例が「雲菫（ウンキン/英語ではyunjin）というキャラクターと、彼女の物語がもたらした影響である。

『原神』の設定によると、雲菫は劇団の若き座長であり、普段は璃月で活躍する看板役者である。明言はされていないが、ゲーム内音声によって判断できるのは、彼女が演じている劇は中国の代表的な伝統演劇の一つ、京劇である。

実際雲菫のキャラクターデザインも、京劇での「刀馬旦」という武芸に長じた女性に扮する女系役の舞台衣装をモチーフにして作られている。

『原神』2.4バージョンのメインイベントの最後に、雲菫は『神女劈観（しんにょへきかん）』という京劇演目をゲーム内で披露した[9]。そして京劇の魅力を最大限にアピールするために、制作会社は上海京劇院の役者の楊揚を声優としてキャスティングした。また従来のカットシーンとは異なり、『神女劈観』ではボイス言語の変更が不可となっていたため、どの国のプレイヤーも中国語版の劇を見ることとなる[10]。

リリース当時には破格の試みだと見なされていたが、この演目は大好評となり、YouTubeでは合計一千万回近く再生された。コメント欄には、「本国の声を使っているのでより惹き込まれる」、「普段触れないであろうジャンルの歌と接することが出来たことに感謝」、「もっと京劇を見てみたい」といった声が溢れている。

雲菫の影響で、YouTube上にある京劇ビデオの再生回数も増加している[11]。「韓国の文学だから読み始めるのではなく、BTSが読んだ本だから読むのだ」と同じように、「中国の京劇だから見るのではなく、雲菫がゲームで歌ったから見るのだ」という現象が、『原神』を通して起きている。

キャラクター以外に、中国の節句に基づくゲーム内イベントも、中国社会や文化を知るきっかけを作り出したと言える。

年始における期間限定イベント「海灯祭」は、中国の伝統祭である元宵節をイメージした祭である。プレイヤーはその半月の間に、華やかな祭りの雰囲気あふれる璃月地域を駆け回り、提灯（中国語では灯籠）作りなど、現実とほぼ同じ民間風俗を体験することができる。

2021年の10月には、建国記念日と中秋節の文化を混ぜ合わせてできた「月逐い祭」も開催された。ゲーム内のイベントで遊ぶことを通して、現実の中国社会の祭りを祝うのと似たような体験ができる。

そのほかにも、中国もしくは日本限定のコラボやグッズなどが多いため、SNSを通して両国のプレイヤーコミュニティー間の交流は盛んになっている。

中国人プレイヤーは日本人がどのように中国製ゲームを見ているかが気になるし、同時に日本人のプレイヤーも中国製ゲームをやっているため、今の中国について興味を持ち始めるというわけだ。

3-2 『魔道祖師』

では、アニメの場合はどうなるのか。残念ながら中国発のアニメ作品から現在の中国社会や文化への理解に直接つながる事例は僅少である。しかし『魔道祖師』は、少し「一捻り」することでその可能性を示した。

上述の通り、アニメの人気に続いて、実写版（タイトル『陳情令』）も日本で放送開始され、インターネット上でブームを引き起こした。放送日になるたびに、『陳情令』はツイッターのトレンド入りするのに加えて、主役俳優のワン・イーボー（王一博）とシャオ・ジャン（肖戦）の日本人ファンも急増し、彼ら二人のプロフィールを紹介する文章が情報サイトに続出した。

日本のアイドルを応援するファンが、バラエティ番組などを通して日本社会を知るように、ワン・イーボーやシャオ・ジャンなどの「華流」俳優を追う日本人ファンも、彼らのドラマやバラエティを見ていく中で、現在の中国社会や文化への理解を深める機会と出会えるのだ。

このように、アニメから実写版に繋がり、そして更なるハイカルチャーへと導かれる可能性は存在している。その効果は『陳情令』だけではなく、これから公開予定の『縁結びの妖狐ちゃん（狐妖小红娘）』などの作品にも同様の効果があることを期待したい。

四、これからの課題

三章では、中国ACG文化の日本進出が、日本人の中国社会に対する親近感を増し、中国社会のイメージを改善する可能性について分析した。

そこで得た結論は、『原神』などを始めとする中国製ACGにはかなり大きな可能性が存在するということである。しかし、全体的な「国民感情」に働きかけ、日中関係の実質的な改善につなげていくためには、いくつかの課題を克服しなければならない。

例えば、重要な課題の一つとして、題材の偏りが挙げられる。日本に進出し、成功を得た作品は、基本的に中国の伝統文化を題材としたものに集中している。『原神』、『魔道祖師』、それに続く『天官賜福』も、この点において共通している。

中国発ではなくても、日本で流行する中国関連の作品は、基本的に『キングダム』のような歴史物語である。もちろん伝統文化から入り中国全体に興味を持ち始めるケースも多いと思うが、韓国社会を直接描く韓国ドラマや文学と比較すると、非効率的で効果も限定されるのは明らかである。

実際に、ストーリーに中国文化の要素を盛り込むだけでは足りないという問題意識は、中国のACG会社も持っている。ストーリーを「グローバル化したスタイルで描写し、世界に通じる美的センスで、中国の文化をそこに包み込み、一人でも多くの海外の視聴者に今の中国を理解してもらわなければならない」とのコメントは、ある動画プロデューサーのものである[12]。

題材を多様化する試みとして、現代の広東省の地域的特色を強く持つアニメ『シザーセブン（刺客伍六七)』や、現代中国の弁護士事務所を背景とする乙女ゲーム『未定事件簿』などが例として挙げられる。しかしどれも知名度がまだ低く、日本における宣伝活動が十分に展開されていないと思われる。

また、「サブカルチャーからハイカルチャー」につながる過程は、主に10代と20代の若者にしか適用されないという点も、大きな限界の一つである。日本の政治の主力を担う中年層、そして人口が増えつつある高齢者に対しては、サブカルチャー、特に中国製ACGの影響力は極めて少ない。

特にコロナ禍では、インターネットと比べて新聞やテレビなどからより多く情報を得る彼らは、自国の報道により影響を受けやすくなる。ゆえに中国はゲームやアニメなどの文化事業の海外展開を重視するのと同時に、若者以外の年齢層を対象とする交流活動も忘れてはいけない。

おわりに

以上のように、本稿ではまず日本市場で成功した中国ACG作品を二つ紹介し、日本で人気を得た理由は、原作をリスペクトした上のローカライズと、現地の状況に合わせて運営手法を調整することにあると分析した。

そして二章では「韓流」が以前から現在まで日本において盛んであり、韓国文学などのハイカルチャーへの興味にも繋がっているという現状について解説し、「サブカルチャーからハイカルチャーへ」の過程は、中国ACG文化の日本進出にも適用できるのではないかという示唆を得た。

次に、三章では上記の示唆を踏まえて、「原神」などの作品の内容を挙げつつ、対中認識の改善につながる可能性は十分にあると結論づけた。

しかしこれらの可能性とともに、日中関係の実質的な好転に働きかけるには、題材と対象となる年齢層などの課題を解決する必要があると、四章において筆者の見解を示した。

米中対立が膠着状況に向かいつつある現状において、これからの日中関係の安定のためには、文化交流を諦めずに盛りあげていくことは重要である。

コロナ禍で移動の制限はまだ続く状況においても、インターネットを通しての交流は国境を越えて、日中間の協調を推進することに貢献できる。

上記の検討・分析を通じて、ACG文化は主に若者を中心とする民衆にメディアの報道以外のアクセスを提供し、自分自身で中国文化を体験し、感じることが、日本人の対中イメージ改善を実現する方法の一つであることを確信するに至った。

参考文献

金承福「K-POPの次はK文学！」、「文芸春秋オピニオン2022年の論点100」株式会社文芸春秋（2022年1月1日）

小倉紀蔵「韓流インパクト-ルックコリアと日本の主体化」、『「韓流」のうち外―韓国文化力と東アジアの融合反応』御茶の水書房（2008年1月1日）

「世界で絶賛された中国アニメ『魔道祖師』の魅力とは？日本版を実現させたプロデューサーに聞く【前編】」Cocotame（2021年7月28日） https://cocotame.jp/series/021644/

高原明生「第１章　中国の内政と日中関係」、「中国の対外政策と諸外国の対中政策」（令和元年度中国研究会）日本国際問題研究所

「第17回日中共同世論調査」、「言論NPOホームページ」（https://www.genron-npo.net/world/archives/11542.html）

「中国アニメ『伍六七』、胸を張って海外進出」「人民網日本語版」（2020年01月23日） http://j.people.com.cn/n3/2020/0123/c206603-9651458.html

冯鸣，童威「以網游為載体的中国伝統文化輸出研究―以《原神》雲菫角色設計為例」，新媒体研究（2022年8月）（12），pp. 87-90

施晨露，诸葛漪，「海外玩家為何“補習”中国京劇」，解放日報，（2022年1月14日）

Craig Chapple, “Genshin Impact Hits $874 Million Spent Since Launch, Already the World's Third Highest Earning Mobile Game” March 2021 https://sensortower.com/blog/genshin-impact-revenue-first-five-months

Craig Chapple, “Top Grossing Mobile Games Worldwide for June 2022”, July 2022 https://sensortower.com/blog/top-mobile-games-by-worldwide-revenue-june-2022

1　高原明生、「第１章　中国の内政と日中関係」、「中国の対外政策と諸外国の対中政策」（令和元年度中国研究会）、日本国際問題研究所、2020年7月21日

2　「第17回日中共同世論調査」結果、言論NPOホームページ（https://www.genron-npo.net/world/archives/11542.html）

3　主に中国語圏において用いられる単語で、元々は日本製アニメ、漫画そしてゲームの文化を指しているが、現在では生産国の国籍に関係なく広範囲に使われている。日本の「サブカルチャー」という言葉に近い意味を持っている。

4　Craig Chapple, “Genshin Impact Hits $874 Million Spent Since Launch, Already the World's Third Highest Earning Mobile Game”, March 2021 https://sensortower.com/blog/genshin-impact-revenue-first-five-months

5　Craig Chapple, “Top Grossing Mobile Games Worldwide for June 2022”, July. 2022 https://sensortower.com/blog/top-mobile-games-by-worldwide-revenue-june-2022

6　「世界で絶賛された中国アニメ『魔道祖師』の魅力とは？日本版を実現させたプロデューサーに聞く【前編】」、Cocotame、2021年7月28日 https://cocotame.jp/series/021644/

7　金承福、「K-POPの次はK文学！」、『文芸春秋オピニオン2022年の論点100』、株式会社文芸春秋、2022年1月1日

8 小倉紀蔵、「韓流インパクト-ルックコリアと日本の主体化」、『「韓流」のうち外-韓国文化力と東アジアの融合反応』、御茶の水書房、2008年1月1日
9 『原神』ではバージョンごとにストーリーを更新していく。そしてそのストーリーはいつもスキップできないカットシーンで終わる。雲菫の『神女劈観』はそのカットシーンの中の一つである。
10 馮鳴, 童威,「以網游為載体的中国伝統文化輸出研究—以《原神》雲菫角色設計為例」, 新媒体研究, 2022年8月（12）, p87-90
11 施晨露, 諸葛漪,「海外玩家為何“補習”中国京劇」, 解放日報, 2022年1月14日
12 「中国アニメ『伍六七』、胸を張って海外進出」、人民網日本語版、2020年01月23日 http://j.people.com.cn/n3/2020/0123/c206603-9651458.html

最優秀賞

近代日中における「常識」論に対する一考察

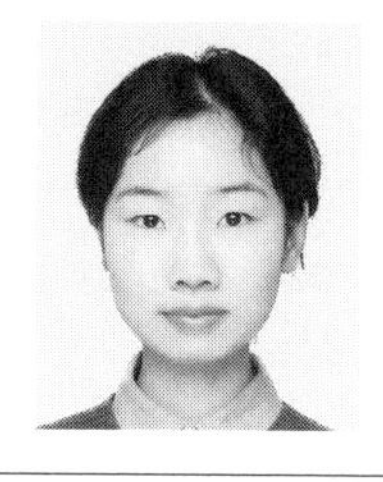

武漢大学中国伝統文化研究センター修士3年
張愉佩

はじめに

現代中国語でも日本語でも常用される「常識」は文学の常識、経済の常識というように、人々が共通に持つまたは持つべき一般知識[1]という意味で理解される場合が多い。しかし、common senseの訳語としての「常識」の成立史を遡ってみれば、知識論的な翻訳と受容はその一端にすぎない。

common senseの語史からいえば、アリストテレスが『デ・アニマ』(DeAnima)の中で動物の総合的認知能力を表すkoine aisthesisというギリシア語に由来し、古代ローマ時代になると、その訳語のラテン語sensus communisには形而上学的な理解と社会道徳の意味が加わり、さらにヴィーコ、シャフッツベリ三世、カントなどの議論を経て17～18世紀の道徳哲学の重要概念となった。

中国では、イエズス会士畢方済(Francois Sambiasi)口述、明代末期の徐光啓の訳筆による古代ギリシャの霊魂論を紹介する『霊言蠡勺』(1624年刊行)において、common senseは「公司」と訳されたという[2]。それがcommon senseの最古の漢訳であるかどうかまだ断定できないが、公共性に注目することから中国士大夫ならではの倫理的感受性が垣間見られるだろう。

一方、日本では19世紀半ば頃、鎖国体制の終焉とともに五箇条の御誓文にいう「智識ヲ世界ニ求メ」るべく、積極的に西洋文化を摂取するようになった。それは、バイリンガル辞典の編集・出版ブームを起こした。common senseは見識、明理、達理などいろいろな翻訳があったが、1881年の井上哲次郎ら編『哲学字彙』によって、common senseと漢語「常識」の語義上の対訳関係が構築され、さらに学術用語集としての『哲学字彙』の影響が広がるにつれて「常識」が定着するようになった。もっとも、「常識」は井上哲次郎ら改訂の『英独仏和哲学字彙』（1912年刊行）によれば江戸時代前期の儒学者伊藤仁斎の『語孟字義』を出所としている[3]。「徳字及仁義礼智等字、古注疏皆無明訓。蓋非不能訓之、以本不可訓也。何者、学者之所常識而非字訓之所能尽也。[4]」という原文を読み下せば、「常識」は「常に識（し）る」という副詞＋動詞の意味であるが、「徳・仁・義・礼・智」といった徳目は誰も知っているものという意味合いで、井上はそれを名詞としての「常識」に再生しcommon senseと関連をつけるに至ったのである。それは儒学的倫理を共通認識として理解した上での関連付けと言えよう。

こうしてみれば、洋語のcommon senseにしても、その翻訳語の漢語にしても、そもそもその共通（コモン）の感覚（センス）に内包された倫理的・道徳的なニュアンスも見逃してはならないだろう。そういう複雑な解釈文脈を持つ「常識」を、近代日本と中国がどの程度まで読み取ったのか、どのように自国の事情に即する「常識」論を展開したのかということは興味深い。

一、明治日本の「常識」論

1-1 「共同体意識」としての「常識」

明治日本の「常識」論といえば、徳富蘇峰の議論は大きな存在と言えよう。蘇峰が「常識」をタイトルとした「国民新聞」第1346号（1894年7月11日）の投稿はその先駆けと思われる。「常識」の意味について、次のような解釈が載せられている。

> 常識は人間学の骨子也。人才学ありて常識なき、恰も銭の緡なきが如し。遂に散漫妄誕なるを免れざる也。遂に迂僻奇怪なるを免れざる也。才学は幽寂の境之を養ふ可し。常識は熱閙の中、之れを養成はざる可らず。蓋し常識は、人と人と相摩擦したる際に養成せらるゝもの也。世の講壇生活者は、尤も多く之に鑑みざる可らず。[5]

すでに時論のテーマとなったことからも、「常識」という言葉の定着がうかがわれるが、蘇峰はその意味と重要性に対する正確な理解を唱えたのである。蘇峰の説明によると、「常識」は人と人の接触と交流によって生成される共通の意見、観念、規範である。理論知識だけに専念し、人との繋がりを疎かにしたら、「常識」を逸する不合理な行動に走りかねない。人間交際の社会で生じた共同体意識が合理的な社会行動を導くため、人間はその「常識」を養成しなければならないという。実は18世紀のヴィーコが常識を社会的実践の知恵とし、青年が早いうちに常識を養成しなければ奇怪で狂妄な行動を取りがちになると主張していた[6]。常識を「人間学の骨子」とした蘇峰の解釈から、似通った人生哲学の文脈が読み取れるだろう。

1895年11月、蘇峰が創設した民友社の刊行物『事務世界』に、再び「常識」の重要性が説かれた。

> 常識とは英語にて「コンモンセンス」の謂いなり。事務家の資格には必らず此の常識を有せざれば、万事に差支を生ずる事有勝の事なり。事務家は世を避けし僧侶や詩人や又は偏狭なる見識を懐くべからず。空理空想にして、偏狭なる見識を有しては、一日として事務を挙ぐること困難なるべし。事務家は社会の事情に通じ事務の形勢に明にして、世に居り俗に処するの才なからざるべからず。さて「コンモン、センス」の有すると有せざる人は其天稟に依るもの多しと雖も、事務家を以て成功せんとならば、幼児より其教育を要するなり[7]。

ここで、「常識」は英語common senseの訳語であることが明確に指摘された。それは、人間社会の共同生活を通じて形成された習慣、いわゆる「俗」を意味する。また、「常識」も物事を順調に進行させる実践的な智慧で、人間が持つべき基本的な能力である。常識の有無は生まれつきによるものも多いが、後天的教育によって改善できるという。「常識」における教育の重要性を強調する論述である。

ではなぜ蘇峰は共同体意識としての「常識」に注目したのか。スペンサーの社会進化論とヨーロッパの自由主義思想を受容した蘇峰の平民主義は民衆の権利を強調し、平和主義と生産主義を踏まえた近代化を目指していた。日清戦争を契機に蘇峰の国権主義的性格が強まったが、近代国家の成立における国民的基盤の重要性を主張する姿勢は終始変わらなかった。その過程では、個人は激しい社会での競争にますます巻き込まれていくことは免れない。共同体意識としての「常識」を身につければ、個人の成功につながる。それは共同体すなわち社会と国家の発展にも寄与しうる。そこから、蘇峰の楽観的な進歩主義が窺えるだろう。

「常識」の公共性に注目したのは蘇峰だけではなかった。明治出版界を主導した博文館は1897年11月に刊行した『日常行為の法則』において、次のような説明を行った。

> 苟くも社交的動物として、共同生活をなす以上は、互に世の事情を知らざる可からず。然らずんば、互に不利益となるものなり。かく世間の事情を知るによりて得たる見識を吾人は称して常識とは云ふなり[8]。

人間の社交的な生活の角度からみれば、「常識」は安定かつ良好な共同生活を維持するための共通な社交規範で、誰もが持つべきものであるという。そうして、普遍的な利益への追求に基づく公共精神は「常識」の本質として解釈されるようになったのである。

さらに、1897年10月、隅谷巳三郎がアメリカ人Orison Swett Mardenの成功学の名著Pushing to the Front, or Success Under Difficulties（1894年版）を底本として編訳した『立身策』では、「常識」を社会人に必要な実際的能力という意味が述べられた。

> 必竟するに実際的能力とは機智に外ならずして、機智は常識に外ならず。常に眼を張り、常に意を用ひて如何に社会と人間とが動きつゝあるかを見は、自然に常識を得つべきなり。常識なきものは到底実際社会に入る資格なきもの也。常識を養ふ可し、常識を養ふべし[9]。

つまり、「常識」は人間が状況に応じて合理的な判断を下し、問題を解決する能力で、いわゆる機智である。また、「常識」は社会と他人の行動への配慮によって徐々に育成されるもので、共同体としての社会の一員になるためには身につけなければならないという。実は明治後期に立身出世を目指す青年に向けてMarden氏の著作は大人気を博したため、その常識論も広く伝わったようである[10]。

一方、明治期の教育界も常識の育成に関心を寄せた。1901年4月21日、文相菊池大麓は文部省主催の中学校長会議で、「常識を與へるということは或学科の智識を與へるよりも教育上尤も必要なことであろう[11]」と強調し、大いに世間の「常識」に対する関心を促した。時人の評論によれば、「往年、菊池博士文相たりしとき、普通教育上常識養成の忽にすべからざることを説くこと最も勉めたり。是に於いて教育者一時盛に常識の養成を称道したり。[12]」ということで、教育官僚が提唱した「常識」教育の影響力が窺われる。

また、1902年、井上哲次郎は『中学修身教科書』で、「吾等は、学業を修めて、智能を啓くのみならず、平生其の常識を養成して、社交を全うすべし。然らざれば、如何に高遠の学識を収めたりとも、社交の実際を処する道を疎くして、時に其の本分を欠くことあるべし。[13]」という意見を提出し、学生が学業だけでなく、社会生活に不可欠な常識も養い育てるべきだと強調した。

ほかに、文部官僚・教育者である澤柳政太郎は1905年の『教師論』で、「世の中に出て廣く多くの人と交際するものは、知らず知らず種々の事物に遭遇して色々の経験を重ねるために、自然に常識を得る様になる[14]」と述べ、社会交際によって自然に常識が身につくようになることを説明した。澤柳は後の大正自由教育運動の唱道者・実践者にもなり、その代表作の『教師論』も教育者向けのオーソドックスな著作として長く愛読された[15]。無論、人間同士の触れ合いによる自然な「常識」教育の考え方も教育改革の唱道とともに影響が広がった。

以上の「常識」論をまとめてみれば、人間関係の構築に役立つ一般的な共同体意識を社会生活に必要な常識として主張するものであった。それは人間が自分の生活共同体を感受しつつあるところに生じた共通の感覚を意味していた。そういう共同体及びその構成者である人間同士がもつ共通の感覚をさらに形而上学的に追究すれば、いわゆる道徳意識の問題に辿り着く。つまり、共同体を守り続けるために誰もが守るべき規範や理念は一種の道徳的制約にもなり得る。故に、「常識」を道徳的すなわち倫理的な次元で検討する必要も出てくるのである。

1-2　道徳意識としての「常識」

近代日本では倫理学の視野からの「常識」論は竹内楠三に始まると思われる。竹内はイギリスの倫理学者シジウィック(Henry Sidgwick)の著作を参考にして、西洋の倫理学全般を紹介する『倫理学』(1898年刊行)を著し、その第二章「独断的直覚説(常識的倫理説)」で、「常識」を次のように解説した。

> されば、「正直ナラザル可カラズ」「虚偽ナル可カラズ」と云ふが如き道徳上の通則は、吾人の直覚的に「守ラザル可カラズ」と認知するものと謂ふべし。また此等の通則は社会一般に通ずる所。即ち社会一般が認めて守らざるべからずとなす所なり。(中略)是れ社会一般が一致する所の道徳的判断にして、之を其社会の道徳上の常識と称す[16]。

竹内の説明によれば、「常識」は社会を構成する大多数が持つ共通の道徳的判断を指す。それは人間の内面に潜むもので、論理的な思考をしなくても事情に即して自覚的に働く。いわゆる「正直」、「誠実」というようなものはまさしく、抽象的な道徳上の通則の具象化である。つまり、善悪正邪についての世間の一般認識こそ「常識」であり、個人の「常識」は社会の「常識」を反映することができる。シジウィックの学説をそのまま取り入れたものにすぎないが、「道徳上の通則」という論述は「常識」の倫理的意味をつかんだ上での理解と言えよう。

竹内は西洋の倫理学の紹介にとどまるが、倫理学者中島徳蔵はオリジナルな「常識」論を展開し、その理論体系の構築を試みた。1901年、東京湯島の哲学館の倫理学教授を務めた中島は、当館の高等科に倫理学概論を講義する際に、「常識」は良心と等しいものであると説いた[17]。それは、「自己の事情に関し、世間の行動に就き、『ヨシ』、『アシ』の判断を下す標準たるもの」[18]で、いわゆる善悪正邪の判断標準である。中島はこの標準を「道」と称する。「常識」、すなわち良心を理解するには、「道」の意味を究明しておかなければならないという。

講義によると、中島は「道」を「礼、制、狭義の道」という三つの発展段階に分けて説明を進めた。作法ともいう「礼」は最も原始的で小範囲に行われるもので、人と人の交際する所に生じてくる共通な行動様式であるという[19]。社会の発展に従い、「礼」における日常生活及び社会秩序に関する重要な内容は文字の記録によって固定化され、法律になった。それこそ「制」である。地域によって、「礼」と「制」の内容が食い違う場合もあるが、共通する部分もある。なぜなら、作法と法律の生成はより良い生活への普遍的な追求を基にしているからである。そこには、「道」の最も完全な状態である善と美の精神が存在しており、いわゆる「狭義の道」という[20]。要するに、「常識」は礼・制・道によって構成されるもので、「常識」に相当する良心も個人の道徳意識の枠を超え礼・制・道の三位一体を内包するようになったのである。それはある意味で西洋の倫理学の受容を通じて儒学的倫理観を近代社会に再生しようとする理論的模索と言ってもいいだろう。

さらに、中島は礼・制・道の相違を鋭く突いた。

> 礼は唯主として特別なる地方的なる小部分に行はる者なるに反して、道は一般なる、普遍なる、全人類に通じて有効なるべき権威を要求す。而して制は常に両者の中間に介立して、多く国家の範囲を出でず。（中略）三者は又其価値の軽重を異にせるを得ず。礼は末にして軽く、道は本にして

重く、而して制は其の中間に位するなり。[21]

以上によれば、各々の共同体には各々の常識があるが、その共同体の大きさによって常識の格差が生じる。礼と制は地域共同体と国家共同体に通行する「常識」であるが、善と美の精神はすべての人間社会に通行する「常識」である。共同体の拡大によって、「常識」の意味合いが変わるが、全人類に共通の善と美の精神こそ「常識」の精華である。したがって、地域の習俗と国家の法律といった外面的規範を習得するだけでなく、善と美の精神という共通の道徳倫理も育成すべきであるという。

その後、中島は1910年に一般読者向けの『実践倫理講話』に、再び「常識＝良心」論を提起した。

> ソコデ、一社会内の甲乙長幼同じ事に就て同じ判断をする、同じ道徳上の知識を有った所から、社会精神の縮写された心をコムモンセンス即ち常識といふのである。（中略）而して風俗化されて出来た精神、即ち常識は取りも直さず最も単簡な良心なので、殆んど知らず知らずの間に伝染して出来たものである。[22]

すなわち、社会を構成する老若男女に共通の価値判断と道徳意識を社会精神に凝縮し、その社会精神としての常識は社会全体に共通する規範や習俗に自然に培われた良心であるということである。

こうして、中島の「常識＝良心」論は道徳教育につながるようになった。中島は、常識が「知らずしらずの感化に由って何時とはなしに得たもので、従って理窟なしに行為の相場付をする。[23]」と述べ、良心を養成するには知識の蓄積や理論の構築より、むしろ社会的実践を通じて社会に共通する道徳意識を見倣うほうが大切であると主張した。そこには、王陽明の「致良知」、「知行合一」の思想との類似性が見られるだろう。中島自身も「陽明が徳性涵養の根底は無理屈の所にあると見て取ったのは感服外がない[24]」と陽明学から受けた感銘を語った。要するに、中島の考えでは、道徳教育によって、善悪に対する正確な判断が人間の直覚になりうる。家庭、学校および社会全体の教化・影響の下、たとえ道徳と良心の価値をまだ十分に理解できなくても、社会全体の常識の浸透によって、良心は人間の内面に潜在する形で育成されていくわけである。そして個人の良心がいったん育成されたら、また社会に反作用を及ぼし、社会全体の常識を構築・維持する一員として働きかけるようになるのである。

中島の「常識＝良心」論は明治日本の「常識」理解に莫大な影響を与えた。例えば、1906年、教育家山路一遊は『常識之研究』で、「常識」は良心又は普遍的な良心であると説いた。[25]また、波多野烏峰（春房）は『健全なる常識』（1908年刊行）で、「吾人が信ず、健全なる常識の有する者は、たとへ才能の見るべき無しといへども、善悪良否を判断し得て誤る無きの故に、千言万行悉く理に適ひ。[26]」と述べ、正確な価値判断こそ人々が持つべき常識であると主張した。ほかに、大隈重信も常識を道徳的基準とし、『常識辞典』（1913年刊行）に「常識は正邪善悪の別を映し、順逆去就の道を照らす明鏡である。[27]」という序文をつけた。

1-3 「常識」とナショナリズム

上述したように、明治期の知識人は共同体の共通感覚に由来した「常識」の道徳的・倫理的内包に注目し、人間交際の感化によって個人と共同体の道徳意識の一体化が図られると唱えた。

さて、共同体といえば、そもそも明治日本は発足当初に「国家」共同体の創出という至大な課題を抱え続けてきたのである。それは1889年の明治憲法と1890年の教育勅語の発布によって天皇制国家という形の共同体に辿りつき、その影響から明治日本の「常識」論にはナショナリスティックな要素も加わった。それを最も端的に示したのは、徳富蘇峰が1900年ごろ発表した「愛国心と常識」であろう。

「愛国心と常識」は国民叢書第十八冊『日曜講壇』の一部として、蘇峰が一般読者向けに「平凡な議論を平凡の文字[28]」で完成したものである。前述したように、蘇峰が平民主義から国権主義へ傾斜しつつある過程においてもなお国民の成長を呼びかけつつあった。なぜなら、国民は国家という共同体を構成し維持する個体である以上、その共同体意識の育成は個人ないし国家の発展に必要不可欠なことだからである。無論、「愛国心」の育成も共同体意識の創出につながる。蘇峰はロシア人の国民性を例にとりながら、「愛国心」を次のように説明した。

> 正理にも、非理にも、唯我国とは、露国人の口吻なり。国家の前には、其の事の理非、善悪、得失を問わず、唯盲従、勇進すべしとの意にして、亦以て愛国心の旺なる所以を想見すべし。吾人は或る場合に於て、即ち非常の場合に於ては、斯る事もあるべしと信ず。否国民としては、斯くあらざ

るべからざることと信ず。吾人は国家の危急に際、例せば自国が外国と戦端を啓きたるに際して、其の出師の名なきを咎め、袖手傍観可き謂れなし[29]。

一見すれば、蘇峰は「非常の場合」に限って善悪正邪の価値判断の上に国家を置くが、戦争の正当化を図ってまで、それに戦場に赴く報国精神を唱えてまで国家利益を最優先する文脈には、国権主義に吸い込まれる倫理的価値観の揺れが見られる。しかし、その次の論述では、蘇峰はそのような「愛国心」は「決して常軌を為す可きにあらず」と強調し、「自国を盲信し、自国を妄拝するの極は、自国の過失を容認するのみならず、或は其の過失を増長せしむるに到るも、未だ知るべからず[30]」というように、盲目的なナショナリズムの危険性を指摘し、さらに「常識」をもってそれを改善すべきだと主張した。

唯吾人が希望するは、此の愛国心に加味するに常識を以てすることにあり。恒に聡慧、静冷なる眼孔を以て、自国の長短を察するにあり。而して及ぶ可き丈は、其短所に打ち勝つことを努むるにあり[31]。

蘇峰によれば、日本人は客観的に国家の成り行きを観察し、国家と国民の長短や国家運営の善し悪しを常に批判しながら、国家の発展に努めるべきである。それこそ「知慮ある国民が国家に盡す当然の職分」であり、誰もがその「知慮」すなわち「常識」を備えるべきばかりでなく、それをもって国家に国民としての職分をつくすことも「常識」であるという。

こうして、明治日本における倫理的「常識」論には、人間関係の構築に基づく「人間」の普遍的道徳という理解もあれば、近代国家の成立に必要な「国民」が持つべきナショナリスティックな道徳という解釈もある。両者は微妙に交差しながら、「常識」の近代的な公共空間を作り出した。

二、清末中国における「常識」の受容

2-1 「常識」の逆輸入

さて、その時代の多くの西洋由来の概念と同じように、common senseという近代的意味が付与された「常識」は、日本語の洋学（中国語でいえば「西学」「新学」のこと）紹介書・教科書の翻訳と導入によって中国に逆輸入された。その端緒は1900年代初頭の北京東文学社の『新学講義』に遡るこ

とができる。

1901年3月、義和団事件以降における学堂再開の要請にこたえ、中島裁之は彼の恩師である教育家の呉汝綸及び戸部郎中廉泉と協同して北京東文学社を創設した。創設当初の目的の一つは速成的な東文（日本語）教育を通じて、日本語の西学書が重訳できる人材を育成することであるため、日本語の授業のほかに、西学全般に関する科目も設置された。当学社は50名以上の日本人教習を招聘したが、京都西本願寺の派遣で北京に渡った西山栄久教習は『新学講義』という西学概説書を編訳したという。

『新学講義』の原典はまだ発見されていないが、学社関係者の呉汝綸の日記（1901年12月2日付け）によれば、呉氏はそれを読んだ上で、講義のあらすじを次のようにまとめた。

> 閲東文学社分教西山栄久所訳新学講義、摘其精要如左：学不外乎智識、智識有三等：一常識、二科学智識、三哲学智識[32]。

このように中国が学ばなければならない新学すなわち西学の要を「智識」という言葉に集約し、さらに、それを一般知識の「常識」、形而下の「科学智識」、形而上の「哲学智識」というふうに分けた。その「常識」は近代的知識論のカテゴリーに属し、中国古典の意味を超えたものであるが、北京東文学社内部の講義にすぎないため、その社会的影響を過大視するわけにはいかない。むしろ翌年の1902年に刊行された隅谷巳三郎『立身策』の訳本『精神之教育』によって、「常識」の倫理的意味が清末知識人の言論空間に伝わったのである。

『立身策』を翻訳したのは湖南省常徳人の趙必振である。1900年、唐才常の「自立軍起義」に参加し、失敗後日本に亡命した。日本滞在中の梁啓超と知り合い、「清議報」「新民叢報」の投稿者と編集者を務めた一方、日本語の勉強にも励み、西洋思想を中国に導入すべく日本語の書物を数多く漢訳し、とくに後の『二十世紀之怪物帝國主義』（幸徳秋水著）、『近世社会主義』（福井準造著）をはじめとするマルクス主義の翻訳と紹介は中国への影響が大きかった。1902年、彼は前述した隅谷巳三郎の訳本『立身策』（1897刊行）を中国語に重訳し、『精神之教育』という書名をもって出版することになった。基本的に原文を踏まえ、ほとんどの漢語をそのまま中国語の訳本に取り入れた。たとえば、社交倫理における「常識」の意味についての訳文は次のようである。

実際的能力、不出機智之外也。機智者、不出於常識之外。常注目於社会人間之動静、自然得其常識矣。得常識者、即入実際社会之資格也。[33]
（実際的能力は機智にほかならず、機智とは常識にほかならない。常に社会の成り行きと他人の言動を注目し、自然に常識を得るべきである。常識は、実際社会に入る資格である。）

『立身策』の該当内容の原文（前文6ページ）を参照してみればわかるように、ほぼ逐語的な直訳と言えよう。こうして倫理社会の構築に必要な「常識」は近代中国語の世界と近代中国人の言論空間に導入された。たとえば、清末の改革派知識人孫宝瑄は『精神之教育』の読書感想を

余素不解常識二字、今始知之。蓋常識者、常注目於社会人間之動静、自然而得之智識也。[34]
（平素私は常識という言葉の意味をよくわかっていなかったが、今初めて知った。常識とは、常に社会の成り行きと他人の言動を注目し、自然に得た知識である。）

というように日記（1903年2月27日付き）に書き綴った。高い漢学の素養を備えた孫宝瑄は古典語としての「常識」を知らないわけがない。故にここにいう読んで初めて知った「常識」とは、明らかに従来の倫理社会の革新を意味する共同体意識であった。

一方、「常識」教育の重要性を唱道した前述の澤柳政太郎『教師論』（1905年刊行）も早くも1906年5月に東亜公司編纂局の抄訳バージョンが現れ、上海にある東亜公司新書局によって刊行された。「常識」について、「欲養成常識、必先修得普通学之知識為緊要矣」というように、一般知識の学習の重要性を説くが、その続きに「有普通之知識、而不留意於日常接物之際、則其人応無所得於常識也」[35]と述べ、人間交際に共通した社会規範を一般知識よりも本質的かつ不可欠な「常識」としている。

まとめていえば、同じような儒学的背景をもつため、近代日中の知識人は知識論としての「常識」よりむしろその倫理的意味に注目し、儒学的伝統を批判しながら、近代的倫理社会の構築を模索していた。

2-2 「常識」における革新的要素

一方、「常識」に対する清末中国の受容は時代の課題の相違によって、日

本の注目点とまったく一致しているとは言えない。前述したように、明治憲法と教育勅語をシンボルとした日本の天皇制国家体制の整備につれて、「常識」における共同体意識の要素は帝国日本という共同体に共通すべき道徳意識へと変容した。それに対して、同じ時期の清末中国においては、アヘン戦争以降ますます存亡の危機に迫られていたため、民族国家という共同体への革新的再生を至上の課題として図りつつある中で、まず第一にその共同体意識を「愛国」というナショナリズムに求めようとしたことも不思議ではなかろう。日清戦争の屈辱的な大敗を喫しても「西学」「新学」といった近代的知識を学ぶべく日本に留学した知識人たちは、翻訳・著述などの活動を通じて国民意識の喚起に苦心した。国を存亡の危機から救うためには、まず国民を結束することに不可欠なナショナリズムを呼びかけなければならなかった。

そのため、在日留学生の言論において「愛国」や「愛国心」がしばしば言及された。1902年、在日法科留学生による『訳書彙編』（第8期）に「愛国心与常識之関係」という文章が載せられ、はじめて愛国心と常識との関係について議論が行われた。その冒頭で次のように述べられている。

> 国民之対国家、以有愛国心為第一義、斯固然矣。雖然愛国心之発見、必先知己識之可愛者何在、而後乃用得其當、是所謂常識也。[36]

つまり、愛国心を持つことは国民の第一義でなければならない。国の愛すべきところを心得てからこそ、その愛国心を合理的に扱うことはいわゆる常識という意味である。その反例として、「盲信己国派」という自国至上主義と、「無視己国派」という他国崇拝主義の二種類を挙げた。前者では傲慢が生じ国の悪を増長させる恐れがあるが、後者では自暴自棄になり国粋を蹂躙する恐れがあると述べ、いずれも「常識」に合わない非合理的なナショナリズムであると指摘した。したがって、常識をもって非合理的な愛国を是正しなければならないとしている。

> 有常識者、必深知己国之長短、己国之所長者則崇守之、己国之所短者則排斥之。崇守排斥之間、時寓權衡之意。不軽自誉、亦不軽自毀、斯之謂真愛国者也。[37]
>
> （常識ある者は、必ず自国の長短をよく心得て、自国の長所を守り、短所を排する。長所の守りと短所の排斥につき、思慮分別がある。軽率に自慢も自棄もしないのが真の愛国者である。）

前述した徳富蘇峰「愛国心と常識」(1901年刊行) と比べれば、題目がほぼ一致しているだけでなく、常識をもって国の長短や良し悪しを弁別した上で真の愛国心が成り立つという蘇峰の論理にも通じる文脈と言える。そのことから蘇峰の文を参照にした可能性が推測できよう。実に、蘇峰はその文で「盲目的愛国心」を説明する時、清末中国をその典型例として取り上げ、華夷秩序の自惚れを捨てられない「国民の浮誇心」を批判し、そのような自惚れは国の存亡の危機を引き起こしかねないと日本国民を戒めた。『訳書彙編』の「愛国心与常識之関係」においても「古来自称為中華而其他皆鄙為夷狄(古くから自国を中華とし、ほかの国を夷狄とする)」という見方を「盲信己国派」の典型例として挙げた。常識から考えれば他国崇拝主義は過ぎたるもので、自国至上主義は及ばざるもので、どちらも妥当ではないと主張したが、蘇峰の文と異なるのは、その文末に次のように二者択一的な判断を下したことである。

雖然、国家当過渡時代、常識者既不可得、則与其不及、無寧過之。国粋稍損、尚有恢復之望、国悪日長、将有危亡之虞。得百誉者、不如得一自毀者、其猶有進歩之望也。[38]

国の転換期にあたり、理性的な愛国心すなわち「常識」をもつ者がとても得られないから、及ばざるものよりむしろ過ぎたるもののほうがいい。すなわち保守より進取の態度をとるべきだということである。なぜなら、革新を起こせば国粋が一時損になってもなお回復の見込みがあるが、腐朽した体制を続ければ続けるほど国が危うくなるため、いっそ因習の束縛を打破するほうが国の進歩が遂げられるだろうということからである。そこには「健全な愛国心」を唱える蘇峰とのずれが生じてくる。無論、天皇制国家体制の下でその「健全な愛国心」がまた歪んだ道に滑り込んでいくが、当時の中国と比べてみれば、言論空間の次元は異なる。20世紀初頭の中国にとっては、愛国心の健全さは別として、愛国心を国民が一般的にもつべき「常識」として育成することは要務であった。在日留学生団体は国の革新を求めていた故に、たとえラジカルな愛国心であっても、旧体制・旧伝統の打破に寄与し得るものであるため、大いにそれを唱道したのである。

そういうラジカルなナショナリズムは、西洋思想を「常識」として導入しようとする動きにも反映されている。1903年、梁啓超の弟子である周逵は

「雨塵子」という筆名で『新民叢報』（第28期）に「近世欧人之三大主義」という文章を投稿し、その冒頭で西洋の国々の盛衰交替により生まれた無数の「大主義」を国民に必要不可欠な「常識」としてとらえた[39]。さらに本文ではその「最大最要」とされる「三大主義」すなわち「多数人之権利」、「租税所得之権利」、「民族之国家」を紹介し、民主・民権・民族主義の主張を訴えた。

中国を救うためには、西洋に倣って政治改革を図らなければならない。西洋をモデルとして新しい国家を創るためには、国民は近代に相応しい「常識」を身につけなければならない。こういう理念に基づき、国の革新を目指した知識人は「救亡図存（存亡の危機を救い、民族の発展を図ること）」というナショナリズムの下で論陣をはって「常識」の普及に努めた。「一国之所以強弱、不在少数之官僚、而在多数之国民。而国之所頼於民、又不在高遠之行為、而在普通之常識。[40]」というように、国の強弱盛衰は一般国民の常識によって決められると主張する人もいれば、「（前略）振興教育、広啓民知、養成吾民之常識。使夫通国之人協力同心以従事駆除外侮、強我民族。[41]」と述べ、民族の強盛を目標として常識教育の重要性を説く人もいた。さらに1910年、梁啓超は上海で「常識」の導入を目指す「国風報」を創刊した。「常識」とは無論個人の道徳にかかわる「倫常日用、世務人情（日常の倫理規範と世故人情）[42]」を内包するが、「政治・経済・歴史・地理・文学・哲学・法律等専門学科」の基礎的知識こそ当時の中国人にとって最も養成すべき「常識」であるという。そこから思想啓蒙と民智開発に苦心した梁啓超の一貫した姿勢が窺えるだろう。

要するに、近代化の改革を目指す清末中国の知識人は従来の思想体系と学問体系に取って代わる新しい「常識」を提唱し、新しい「常識」をもつ新しい国民の創出に努めていた。

おわりに

本稿は19世紀の末頃から20世紀初頭にかけての時期に絞り、common senseの訳語としての「常識」が日本に定着し、それから中国に逆輸入された経緯を考察した。近代東アジアにおける西洋概念の受容といえば、日本を経由した新漢語の成立と伝播は圧倒的な影響を持つが、国の事情が異なるため、受容の文脈は必ずしも一致するわけではない。「常識」という概念の受容もそのとおりである。国家の倫理的規範の構築に力点をおいた明治日本の「常識」論と違って、清末中国の知識人は近代的社会倫理と個人の道徳的発展にかかわる「常識」を受容したが、その問題にあまり関心を寄せていなかった。国を存亡の危機から救おうという最優先課題を抱えていたため、愛国を倫理的「常識」の内核として解釈し、そのナショナリズムの普及ばかりでなく、近代的学問全般の基礎的知識を意味する「常識」の普及も切実に求めようとした。「常識」の歴史的文脈に対する一考察を通じて、近代日中の思想的・文化的交流の意義も読み直されるだろう。

---

1 「常識」について例えば『広辞苑（第六版）』には「普通、一般人が持ち、また、持っているべき知識」という定義があり、一方『現代漢語詞典（第七版）』においては「普通知識」と解釈されている。
2 黄興涛、王国栄編:『明清之際西学文本－50種重要文献彙編（第一冊）』、北京:中華書局、2013年、325頁。
3 井上哲次郎、元良勇次郎、中島力造：『英独仏和哲学字彙』、東京:丸善株式会社、1912年、28頁。
4 伊藤仁斎：『語孟字義』、国立国会図書館蔵漢籍、1705年版。
5 この文章は最初『国民新聞』で登載され、後『第二静思余録』という本に収録された。徳富猪一郎著：『第二静思余録』（国民叢書第七冊）、東京：民友社、1895年4月、131頁。
6 陸暁禾訳、周昌忠校:『維柯著作選』、北京:商務印書館、1997年、69－70頁。
7 『事務世界』、東京：民友社、1895年11月29日、44－45頁。
8 『日常行為の法則』（日用百科全書第25編）、東京：博文館、1897年12月、188頁。
9 隅谷巳三郎編訳：『立身策』、東京：開拓社、1897年10月、138頁。
10 隅谷巳三郎編訳『立身策』のほかに、明進堂の『立身訓』（1902年刊行）という和訳バージョンもあり、またMarden氏の原作を読むための和訳参考書『プッシングツ－ゼフロント』も1909年に明進堂によって刊行された。いずれも「常識」を社会人に必要な「機智」としてとらえた。
11 菊池大麓演述、田所美治編：『九十九集』、東京:大日本図書株式会社、1903年11月、51頁。
12 山路一遊：『常識之研究』、東京:開発社、1906年12月、1頁。
13 井上哲次郎：『中学修身教科書巻一』、東京：金港堂、1902年12月、31頁。
14 沢柳政太郎：『教師論』、東京：同文館、1905年10月、55頁。
15 三浦藤作：『明治教育史料雑考　別冊第一輯「教育界人物管見」』、東京：秀山堂文庫、1926年、90頁。
16 竹内楠三：『倫理学』、東京：松栄堂、1898年11月、32頁。
17 中島徳蔵：『倫理学概論』、東京：哲学館、1901年、75頁。
18 前掲『倫理学概論』、75頁。
19 前掲『倫理学概論』、63頁。
20 前掲『倫理学概論』、68頁。
21 前掲『倫理学概論』、69頁。
22 中島徳蔵：『実践倫理講話』、東京：同文館、1910年9月、113頁。
23 前掲『実践倫理講話』、120頁。
24 前掲『実践倫理講話』、121頁。
25 山路一遊:『常識之研究』、東京:開発社、1906年、101頁。
26 波多野烏峰:『健全なる常識』、東京:実業之日本社、1908年5月、9頁。
27 岡田照雄等著:『常識辞典』、東京:光玉館、1913年6月、序第1頁。
28 徳富猪一郎：『日曜講壇』（国民叢書第十八冊）、東京：民友社、1900年9月、1頁。
29 前掲『日曜講壇』、101頁。

30　前掲『日曜講壇』、102頁。
31　前掲『日曜講壇』、104頁。
32　[清] 呉汝綸撰、施培毅、徐寿凱校:『呉汝綸全集　四』、合肥:黄山書社、2002年、548頁。
33　常徳市鼎城区趙必振研究会編:『趙必振訳文集哲学政治巻』、北京:九州出版社、2021年、107頁。
34　孫宝瑄:『忘山廬日記』、上海:上海古籍出版社、1983年、656頁。
35　澤柳政太郎著、東亜公司編纂局抄訳:『教師論』、東京:東亜公司、1906年5月、37頁。
36　攻法子:「愛国心と常識之関係」、「訳書彙編」、東京:訳書彙編発行所、1902年9月、121頁。
37　前掲「愛国心と常識之関係」、122頁。
38　前掲「愛国心と常識之関係」、122頁。
39　雨塵子:「近世欧人三大主義」、「新民叢報」(第28期)、横浜:新民叢報出版社、1903年、21頁。
40　「論中国人之短於常識」、「時報」(第667号)、1906年4月21日。
41　疲生:「論国民之無常識」、「夏声」(第七号)、東京:夏声雑誌社、1908年8月25日、23頁。
42　滄江(梁啓超):「説常識」、「国風報」(第二期)、上海:国風報館、1910年1月21日、5頁。

優秀賞

日中の異文化コミュニケーションについて

～日本語学習と職場経験を通じた日系企業の価値観とその展望～

広東外語外貿大学
日本語学部日本語通訳学科1年
鄧麗姍

はじめに

現代社会では、IT通信の発達とグローバリゼーションを背景に、ビジネスや学術研究、日常生活に至るまで、異なる国の人同士でのやり取り、すなわち異文化コミュニケーションが一般的になりつつあります。

異文化コミュニケーションでは、所属する国や文化が異なることを背景に、意思疎通において意見や考え方に食い違いが生じ、そのことが悩みの種になる場合があります。しかし異文化コミュニケーションでは、自分の常識を超えた価値観を獲得することにも繋がります。

異文化コミュニケーションが避けられないことであるならば、異なる文化の優れた部分を認め、学んで取り入れ、社会を良くしていくことに貢献するのが良いと思います。

本論文では、日本語を専攻して日系自動車部品メーカーに勤務した私の個人的な体験を通して、日系企業に対するイメージと、日系企業で働くことで理解した日系企業の価値観について考察することを試みます。そして今後の日系企業と中国企業の発展についての期待を述べます。

一、90後世代の就職観と日本語学習を通じた日系企業のイメージ

中国では1990年代生まれの世代は「90後」と呼ばれています。この「90後」が生まれた時代の中国では、既に改革開放政策の成果が徐々に現れ始め、好調な経済を背景に、情報インフラを含む各種のインフラ整備が進みました。

80年代に開始された計画生育政策（人口抑制政策）は、90年代でも厳しく実施されていたため、「90後」の多くは一人っ子でした。社会の発展と変化によって、「90後」は思想や理念において前の世代と大きく異なっています。

第一に、情報時代を真っ先に体験した世代でした。第二に、特に就職する際に、公務員のような食いはぐれのない安定した職業を好まず、趣味を大事にして自分の気持ちに従うというような理念を持っています。

公務員として就職した「90後」は、何と僅か6.43%と言われています。それだけでなく、プライベートと仕事の両立を重視し、仕事においては高収入を求めていたようです。私もまさにそんな「90後」の一人でした。

アニメーションが好きな私は日本語を専攻しました。日本語を専攻するということは、日本の社会や文化について学ぶということです。ある日の授業で、年功序列という日系企業の特有の制度を知りました。そのときの私の学習ノートには、次のように書いてあります。

いわく、日本では1930年代までは能力に応じて給料を決める能力給が主流であったが、その後、1939年に賃金統制令、1940年に従業者移動防止令が実施され、これが年功序列制度の定着につながったこと。

戦後、日本経済が復興して企業は大量の従業員を雇用するようになり、人事査定が容易な年功序列制度が定着したこと。また収入が保障されたことで会社への帰属意識が高まり、懸命に働いたことが日本経済成長の原動力になったこと。

どうやら日系企業では、能力よりも年功序列、つまり年齢が高い人が偉いという年齢に基づく上下関係が存在するようだと私は思いました。

このように日本の組織に上下関係があるというイメージは、日本語学習を通じて強化されました。

中国の文化になく、難しいと感じた日本語表現に、尊敬語・謙譲語・丁寧語という敬語表現があります。尊敬語は目上の人を敬う表現で「相手を立てたいとき」に使うものです。また、謙譲語は自分がへりくだる表現で「自分を下げることで相手を立てたいとき」に使います。そして「です、ます」をつける丁寧語は、日常会話でもよく使い、相手を問わず使う表現です。

もっともやっかいなのが尊敬語です。尊敬語は目上の人や自分より立場が上の人、つまり、先生のほかに会社の社長、上司などの自分より目上の他人（家族、親戚ではない人）を相手にする場合に使われます。つまり新人社会人としては、尊敬語を使うのが基本ということになります。

相対する人間によって敬語を変化させなければならないのは、日本語学習者にとっては非常に高いハードルです。しかし社会人の基本と言われてしまったら、覚えないわけにはいきません。仕方なく、学習ノートに下の表を書いて暗記しました。

表1　難しいと感じた日本語表現（私の学習ノートから）

本 形	尊敬語	謙譲語	丁寧語
言う	おっしゃる、言われる	申す、申し上げます	言います
行く	いらっしゃる、おいでになる	伺う、参る	行きます
来る	いらっしゃる、おいでになる、見える、お越しになる	伺う、参る	来ます
知る	お知りになる、ご存じだ	存じる、存じ上げる、承知する	知っています
食べる	召し上がる、おあがりになる	頂く、頂戴する	食べます
いる	いらっしゃる、お出でになる	おる	います
見る	ご覧になる	拝見する	見ます

もちろん、中国語にも敬語はあります。人称代名詞の二人称に、“你”と“您”があり、“您”が敬語になります。しかし日本語のような敬語体系の複雑さはありません。

私はこう思いました。日本語でこのように上下の立場を意識しなければならないならば、日系企業では上司と部下の間には、きっと厳しい上下関係があるに違いない。日系企業に入社した場合には、私は新入社員として自分の低い立場を弁えることが重要になりそうだと。

一方、待遇面についてはどうでしょうか。中国では改革開放政策が実施されてから、民営企業が増え、特に外資企業の高待遇が知られるようになりました。中でも日系企業の福利厚生の良さは知られています。

ここで福利厚生について確認してみましょう。福利厚生には、法定福利厚生と法定外福利厚生があります。

まず法定福利厚生とは、法律によって使用者である会社に実施が義務付けられている福利厚生で、中国企業と日系企業は基本的には同一で、健康保険、厚生年金保険、労災保険などが挙げられます。

次に法定外福利厚生とは、法律によって義務付けられていない、会社が任意で実施する様々な福利厚生措置を指します。中国において日系企業が手厚いのはこの部分になります。

具体的に法定外福利厚生を列挙してみましょう。

⑴法定健康診断範囲を超えるがん検診などの実施・補助

⑵住宅手当、社宅・独身寮などの補助
⑶慶弔見舞金
⑷レクリエーション費用の負担
⑸社員食堂の手配、食費補助など

このように完備された福祉は、日本人にとっても無論魅力的なものです。それに日系企業では、日本語通訳者としての職人精神を養えるとも思いました。通訳者とは、単なる言葉の変換作業者ではなく、その国の社会や歴史、言葉の背景にある文化を伝える役割を持っています。

日系企業の中で日本人と一緒に仕事をできれば、言葉だけでなくて、日本人の考え方や文化について理解が深まるでしょう。不安な点としては、上下関係の厳しさがありますが、厳しさには自分を鍛える効果があります。それに性格的にのんびりとしている自分はちょっと前向き、かつ、勤勉な人になれるのではないかと思いました。

二、就職を通じて知った日系企業の価値観

2013年秋に、日系の自動車部品メーカーに日本語通訳として入社しました。以後約9年間、製造現場においては技術及びものづくりの情報について、またマネジメント層への報告の場においては経営、生産、品質の各情報について、日本人と中国人の間で情報を共有し円滑に意思疎通を行うための通訳として働きました。

入社した当初、自動車製造に関する専門用語が分かりませんから、大変な毎日でした。通訳は話すのが仕事であるものの、私は会議で無口でした。重要な会議で何も言えない悪夢もよく見ました。メーカーでの仕事の厳しさから会社をやめ、貿易会社へ行ってしまった同僚通訳者もいました。

私も、仕事をやめたいなと思っていましたから、親友や両親に意見を聞きました。皆は辞めることに賛成し、転職活動に日系企業の経験を生かせば、いい給料や昇進のチャンスがあるとも言われました。

会社を辞めるか、続けるか迷いつつある中、ある日本人上司のエピソードを思い出しました。上司が新人のとき、職場の先輩に次のように言われたそうです。

仕事を辞めたい時、とりあえずは三か月続けてみてください。三か月後にまだ辞めたいなら、更に三年をやってみてどうなるのかを確認してください。

要するに日本人上司は新人であった私に対して、自分がこの職業が好きか、

向いているかをじっくりと体験してみてから、考えることを助言したのです。それは親友や親の意見とは正反対の意見でした。

なぜこんなに違った考え方をするだろうと戸惑いながら、中途半端で通訳を諦めるのは嫌だと思いました。難しさを理由に仕事を辞めるなら、自分は敗北感を感じるだろうとも思ったからです。親友や両親の意見に背きますが、90後の意地っ張りの性分で大いに働き続けてみようと決意しました。

「石の上にも三年」ということわざの通りに諦めず、私は先輩たちや上司からの指導を受けながら、自動車製造業の専門用語を一から覚えて、言葉の背後にある実態をものづくり現場に行って自分の目で見て、分からないことがあればすぐ調べて担当に聞いて、許される範囲内で自ら作業してみることで、体で覚えることも試みてみました。

正に製造企業で提唱している「三現主義」(机上の空論ではなく、実際に現場で現物を見て観察して現実を認識したうえで、問題の解決を図ること)に基づいて勉強をしてみました。大変な思いもしながら通訳という仕事の楽しさも理解し始めていきました。

また、日系企業では、私は様々な教育と活躍の機会が与えられました。製造企業である会社が特に熱心に取り組んでいたのがQC活動です。QCとは、主に製造業における品質管理(Quality Control)の取り組みのことで、QCサークル活動とは、小サークルによる職場の品質の管理・改善活動のことです。

日系の製造企業では、グループ各国の企業や工場でQCの考え方や手法を教育しており、多くのQCサークルが結成され、改善活動に取り組み、活動を報告することで、相互啓発を行う仕組みがあります。

私もQCについての教育を受けました。そして入社して2年目には、中国エリアからのQC発表の代表団の通訳として、日本の本社で開催するQCサークル発表会に参加するチャンスを得ました。

また自動車部品メーカーである会社は、グローバルに工場を展開しており、私は設備の検収の通訳として海外に出張する機会が与えられました。

中国に進出している日系の製造企業では、ものを生産する機械について、専門の設備メーカーや日本の本社や関連する兄弟会社に発注して作ってもらうことが多く、オーダーした機械が仕様書通りに動作するのか、外観に傷はないか、予備品は間違いなく付いているか、これら全てが問題なく納品されたかを確認するという検収の作業が発生します。

入社3年目には、タイの兄弟会社や日本の本社に設備を発注したため、その検収のための技術通訳として、タイや日本に出張する機会も得ました。他国の技術者から教えられたことを工場の現場で再現すること、また中国の工場以外を見学して他国の製造現場を知ることは、大変勉強になりました。

面白いことに、タイの技術者の方や通訳の方とは我々の母国語であるタイ語や中国語ではなく、国際共通語の英語でもなく、第三言語の日本語でコミュニケーションを取りました。なんて不思議なことだろうとついつい思いました。

またタイの技術者には、タイ語は便利で一気に一文字書けるのに、中国語や日本語の漢字は複雑だと言われました。試しに漢字の書き方を教えて書いてもらいましたが、その技術者は、漢字がなかなか書けませんでした。非漢字圏の人々にとって漢字の複雑さは想像以上に難しいことを実感しました。

思ったことと実態にギャップがあることを覚えながら、文化の多様化も体験できたので、やはり「万巻の書を読み万里の道を行く」という格言の通り、理論も重要ですが実践とも切り離すことができません。他の文化と触れ合うことで、理解が増す大切さも薄々感じ始めました。

入社4年目の2016年、通訳だけではなく、内部統制の担当にもなりました。日本の証券取引所に上場する企業は、日本の法律に基づき、内部統制を構築し、正確な財務報告を実施する必要があります。

内部統制とは、企業が売上金額などの経営数値を、誤りなく正確に作成できるようにする仕組みのことです。私にとっては新しい分野ですが、それをきっかけに経営数値の内容や、営業、経理、購買といった各部署の役割とその意味について勉強することができ、企業の経営への理解が深くなりました。

私は自分の成長が実感できました。その時には、日系企業が経営において大事にするものを理解していました。中国と日系企業の考え方の違いに直面し、なぜこんなにも違うのかという疑問と、どちらが正しいのかという悩みは吹き飛んでいきました。

日系企業にとって人材の育成は非常に重要とされており、人材の成長は企業の成長とつながっています。マネージャーの仕事には部下を育てることが組み込まれており、マネージャーの仕事の評価の一部となっています。

企業は人材育成の過程でOJTを通して積み重ねたノウハウを次の世代に伝えていきます。入社したばかりの新人はマネージャーや職場の先輩とコミュニケーションを図り、分からないことを解決することができます。

このように働きやすい職場作りを心掛けています。その結果、従業員が自分の仕事に専念でき、やりがいを感じ、どんな持ち場でも自分の力が発揮できると信じて、精進しています。

まさに「事業は人なり」そのものです。日本で老舗企業が多い理由はここにあるでしょう。一年も経たずに会社を辞め、仕事を転々とする人は逃がした魚は大きいと嘆くでしょう。入社前に抱いていた日系企業に対する二つのイメージ、年功序列と厳しい上下関係について、フタを開けてみれば実際のところが分かりました。

一つ目は日系企業が必ずしも年功序列に基づいた昇進ではないことです。実際、私の所属した部署でも、部内の多くの仕事を経験し、コミュニケーション力や学習能力に優れている若手課員が係長になりました。

能力主義の制度に改められてきた背景についてですが、推測するに、日本の高度経済成長期を背景に人材の確保のために導入された年功序列では、若手社員のモチベーションが下がり、自らのスキルアップをしようとしなくなるという制度のデメリットに気づいたのではないでしょうか。

二つ目は上下の厳しい人間関係があるという誤解についてです。入社してすぐに、この誤解は解けました。職場で上司が冗談を言い、先輩が突っ込みを入れる姿を見たとき、私は先輩が上司から怒られるだろうと心配しましたが、二人も周囲も笑い合い、それだけでした。心配する必要はなかったのです。それからの年月でも思い込みは禁物だとつくづく感じました。

三、大学院への挑戦

2020年、コロナ禍となり、出張や残業などが以前より少なくなり、仕事の時間に余裕ができるようになりました。どこにも行くことができませんので、チャレンジとして大学院を受験してみようと思いました。

企業経営に興味があるので一か月間図書館に行って、本を何冊か読んだり、借りたりすることにしました。その中で一番印象深いのは、ハイアールの取締役CEOである張瑞敏（チャンルイミン）のエッセー、『海爾是海（ハイアールは海だ)』です。ハイアールの発展の歴史、経営理念、戦略について書かれた本です。

1984年に起業したハイアールは、今やグローバル家電製品のメーカーにまで成長し、家電、住宅産業、通信、デジタル製品、物流、金融などの広い分野に業務を展開しています。私の勤める企業は自動車部品の一分野だけで展開していましたから、ハイアールの多角的な業務展開とその発展に驚き、興味を持ち始めました。

ハイアールはエコシステム構築によって成長したと聞いたことがあります。

ハイアールの沿革とともにその発展の六つの戦略的段階を見てみましょう。

第一段階（1984年～1991年）では、ブランド戦略を掲げていました。1984年にハイアールの前身である「青島市日用電器工場」が設立されました。工場長兼党書記として派遣された張瑞敏は、1985年、従業員の前で品質欠陥のある冷蔵庫76台を破壊して品質意識を喚起し、「ブランド戦略」を掲げたのです。

そして1987年、ハイアールは初めて国際的な入札で落札しました。これは品質の高さが認められたということです。その後、ハイアールは高品質によるブランド効果によって、12%の値上げをしたにも拘らず、中国市場で人気を博すことになります。ハイアールの品質第一主義、これは日系企業にも共通する点です。

第二段階（1991～1998年）では、「ブランド戦略」から「多元化発展戦略」に転換し、次々に中国の家電メーカーを吸収合併しました。

ハイアールは「吃休克魚」という方法で、吸収合併した企業にハイアールの企業文化である「従業員の考えや観念を変えることと、企業管理モデルを吹き込むこと」で企業の復活を図りました。「吃休克魚」というのは、ショック状態にありますが、新鮮な酸素を送り込めば活気に満ちた魚に生き返ることです。企業でいえば、例えばハードウェアは良好ですが、管理がダメな企業が、活気のある企業に吸収合併されるということです。ハイアールはこの戦略によって、その他18社の吸収合併を成功させ、多分野に進出して、ブランドの多元化を実現できました。

また、この段階に導入された経営方法がOEC管理です。OECとはOverall「全方位」、Everyone「ひとりひとり」、Everything「すべてのこと」、Everyday「毎日」、Control「コントロール」、Clear「整理整頓」の頭文字を取ったものです。

OEC管理は「日事日畢」（当日の仕事をその日に終わらせる）、「日清日高」（今日の仕事の質は昨日より飛躍的に良くなる）とも呼ばれています。具体的には以下のように実施されます。

⑴「作業者日清シート」

まず、作業場ごとに一元化したシートがあり、巡回検査員が二時間ごとに品質、設備、工程、生産計画、素材の消耗具合、規律と生産などの実施状況をそのシートに記入します。管理職は以上の巡回検査を実施した検査結果の記録及び毎日の「日清欄」にチェック・コメントを入れて、その日のすべての状況をまとめて評価します。

⑵「3Eカード」(Everyone, Everything, Everyday)

すべての作業員は毎日、仕事の七要素（生産数量、品質、設備、消耗品、生産工程、文明生産、安全）を自分で3Eカードに記入し、「日清欄」の内容を確認・記録してから上司に渡し、月末に管理職がそれに基づいて評価します。

この「作業者日清シート」と「3Eシート」は、日系企業の5S（整理・整頓・清掃・清潔・躾）、ジャストインタイム生産システムに通じるものがあります。

第三段階（1998～2005年）では、国際ブランド戦略を掲げました。1999年、ハイアールはアメリカに工場を建てて国際市場の拡大に踏み出しました。ハイアールのグローバリゼーション戦略は、新規開拓が難しい先進国でブランドを作り上げてから、その勢いに乗り発展途上国に進出していくことです。

この段階で、ハイアールは企業内に「市場チェーン」という新たな管理方法を導入しました。「市場チェーン」とは企業内部に企業外部の市場競争と市場取引の関係を導入し、内部化しようとするものです。

例えば、製造ラインであれば前工程の作業者を「仕入先」、後工程の作業者を「顧客」、作業内容を「商品」とみなします。また、社内各部門間の相互関係も徹底した供給契約によって構築されるようになっています。これらは、日系企業では見かけないやり方です。

第四段階（2005～2012年）では、グローバル化ブランド戦略に進化しました。ハイアールは2011年に日本の三洋電機の白物家電部門を買収し、グローバルな家電ブランドを立ち上げました。

2005年から取締役会長兼CEO・張瑞敏は「人単合一（企業・顧客価値の統合)」モデルを提唱し始め、それから十年余りにわたって模索してきました。

第五段階（2012～2019年）では、「ネット化戦略」を掲げて、製品の製造から創客（「Maker」、アイデアを現実に変える人）育成へと転換しました。「人単合一」モデルでは、「人」は従業員を、「単」はユーザーのニーズを示し、「人単合一」は従業員とユーザーを結びつけるモデルであると説明し、社員一人ひとりが自身のCEOとなり、市場にダイレクトに接する自己組織体を形成し、それぞれがユーザーのために価値を創造することで自らの価値を実現します。2015年にはこのエコシステムの構築は頭角を現し始めていました。

第六段階（2019～現在まで）では、「従来の製品ブランドからインターネット時代のプラットフォームブランド、更にモノのインターネットエコブランドに」という戦略を掲げています。

ハイアールは2018年、初めてエコブランドを提唱し、製品ブランド、プラットフォームブランドに続く新たなブランド戦略にグレードアップしました。
モノのインターネットの時代におけるブランドとしては、エコロジカルバリューをベースとしたエコブランドに進化すべきであり、エコシステムの関係者は、ユーザーのニーズ、ユーザー体験を目標にして価値を生み出し、そして自己実現をしていきます。
またハイアールだけでなく、Xiaomi（シャオミ、小米科技）も、同じくエコシステムの構築によって成長してきました。
Xiaomiブランドをエコシステムの核心として成長させたうえで、他の数多くのブランドと融合して、エコシステムを構築し、「コミュニティベースのコミュニティマーケティング」によってファンと密にコミュニケーションを取りながら、ブランドの進化を遂げて、エコシステムの構築の基礎を固めました。Xiaomiは今ではスマホ、洗濯機、テレビ、ウェアラブル端末など、様々な製品を取り扱う総合家電メーカーに成長しました。
これらの中国企業から学ぶことができるのは、やはり企業は時代の発展と共に戦略も変わっていかなければならないということです。

四、日系企業と中国企業の今後の発展への期待

ハイアールを含む多くの中国の企業経営者は、日本の企業経営手法を学んできましたが、中国の企業経営に向いていないと判断した点について試行錯誤を重ねながら、中国の企業に適した経営手法を確立したと言われています。
経済のグローバル化が進んでいるなか、中日両国の企業もまたグローバル展開を図っています。「小異を捨てて大同につく」と言われるように、今の中国企業や日系企業にも、異文化コミュニケーションの強化、ある程度の現地化が求められています。
このような時代を迎えるなかで、これからは大学院で中日の企業経営理念や文化の違いについて研究するつもりです。中日両国企業の違いやそれぞれの良さとも分かっている私は、日本と中国それぞれに貢献できることがあるではないかと思います。今までの経験や、今後学ぶ知識を生かして、中日両国の交流に役立ちたいです。

参考文献

（中国語文献）
張瑞敏『海爾是海』青島出版社、2005年
賈暁軒『裂変：未来品牌必修課』中国人民大学出版社、2019年

渋沢栄一の中国観から学ぶべきこと

上海財経大学日本語学科
2022年7月卒業
沈小渓

はじめに

本稿は日中関係に関する研究の一端として渋沢栄一（しぶさわえいいち、1840-1931）の中国人との交流や中国観の形成に焦点をあてて、渋沢の中国観から学ぶべきことを論考するものである。渋沢栄一は日本資本主義の父として知られる日本屈指の実業家であり、明治時代から大正時代にかけての91年間の生涯を通じ、日本で最初の銀行である第一国立銀行をはじめとする金融、保険、陸海運など重要な基幹産業の企業を設立した。また、孫文をはじめ、王一亭など中国の政財界の人々と幅広く交流し、近代日中関係に強い影響を与えたことが知られている。渋沢栄一に関する研究は、これまで渋沢の著作『論語と算盤』を中心に、経済的貢献や倫理思想を論じるものが多かった。それに比べて、渋沢の中国観について体系的に論じた研究はまだ少ない。渋沢の中国観を明らかにすることは、現代の日中関係を再認識する手掛かりの一つとして有効であり、今日の日中関係を考えるうえでも重要な意義があると考える。

一、論文に関して

1-1　先行研究

渋沢栄一に関する研究では、言うまでもなく『渋沢栄一伝記資料』（本編全58巻、別巻全10巻、渋沢青淵記念財団竜門社編、土屋喬雄編纂主任、岩波書店、1944-1971年）が最も重要な文献である。

李廷江（2006）は渋沢栄一と中国革命家の関係を研究し、渋沢の中国観を「中国東洋盟主論」「支那保全論」「日本東洋盟主論」という三つの段階に分けて論じた。しかし、いわゆる「中国東洋盟主」は誤解である。1889年、清国で新たに採用された貨幣制度の本位貨幣を、日本の円銀及び墨銀（メキシコ銀）と一致させるという提案書には、「貴国疆域広邈、民衆物博、主盟亜洲、雄拠中土[1]」という言葉があり、清国を盟主と呼ぶという意味に誤解され、日本国内で物議を醸した。この点に関して、阪谷芳郎は経済学協会の例会で「是は盟兄吾兄と云ふ如き意味にて、決して支那を盟主と呼びたりとて、国体に関する程の事もなかるべし」と弁じた[2]。

金東（2011）は経済・救済・外交・教育などの分野で中国に対する渋沢の思想と実践を考察し、王道・覇道を分析の枠組として、渋沢栄一の中国認識と日本の世論、そして中国とアメリカに対する態度を比較した。金東は渋沢の外交理念や慈善活動を「王道」と称する一方、渋沢の対中国の経済活動が日本の軍事侵略を加速させたと見て、「覇道」と称した。しかし、金東論文は渋沢栄一の中国観を分析したものの、その形成の過程や原因については分析の余地が残されている。

渋沢は儒学の素養がきわめて高く、普通の日本人と比べ、常に独特な視点から中国を観察している。周見（2014）は、「孔子観」「辛亥革命観」「日支経済同盟論」「支那保全論」「日支親善論」といった様々な角度から渋沢栄一の中国観を論じ、王道主義と覇道主義にも言及した。だが、この研究は多くの側面を取り上げ過ぎたために、いずれの側面においても研究をさらに深く掘り下げる余地がある。

このように、渋沢栄一の中国観に関する専門的な研究は少なく、渋沢の全体像をより総合的に把握する研究が必要とされている。

1-2 研究方法

本論文は、公開されているデジタル化された『渋沢栄一伝記資料』をデータベースとして利用し、中国に関する渋沢の言論を取り上げ、当時の国際情勢も視野に入れながら、渋沢の中国観を体系的に捉えることを試みる。具体的には、儒学の素養がどのように渋沢の中国観に影響したか、また、実業家という高い社会的地位がどのように渋沢の中国観に影響を与えたのか、という二つの角度から、渋沢の中国観の矛盾を解明し、その原因を突き止める。

方法としては、通時的な視点から、戦争に対する渋沢栄一の態度が反対から支持へと転向し、そしてまた反対へと戻った変化の過程を検証する。また、共時的な視点から、渋沢栄一が日中親善を提唱しながらも、日本の利益が損なわれるとなると、戦争を最後の手段として辞さないという矛盾する両面性を検証し、その原因を突き止める。

二、渋沢栄一の中国観と戦争への態度

1940年のアヘン戦争で清朝がイギリスに敗れたことにより、中国は欧米列強の砲艦によって門戸をこじ開けられた。これに対して、日本は1853年の黒船来航で260年続いた鎖国が破られた。つまり、中日両国はともに強制的に近代化への突入を余儀なくされた。明治維新後、日本の実業界は産業を発展させるため、中国や朝鮮などアジア諸国へ拡張の道を求め続け、その政策が戦争の進展とも連動していた。そのため、日中間の戦争や経済関係の角度から、渋沢栄一の中国観を研究することも重要である。

2-1　戦争反対論

1854年、14歳の渋沢栄一は、『西洋英和辞典』でアヘン戦争に関する記述を読み、「それが悪いとて支那（中国。筆者注、以下同）に戦争を仕掛けた、此英吉利の支那に対する仕方はどうも人道に背く仕方である、自分の利益の為に、理窟で勝つた人を力づくでいぢめたといふので、誠にわるい事をするものだ[3]」と指摘している。当時の日本は徳川幕府の統治下にあり、黒船来航により220年以上も続いた鎖国体制が終わり、さらに徳川幕府による支配が傾きはじめた。このような情勢の中で、渋沢は勤皇志士と交流し、尊王攘夷の思想に目覚めた。1863年、従兄弟である尾高惇忠や渋沢喜作らと、高崎城を乗っ取って武器を奪い、横浜外国人居留地を焼き討ちにしたのち、長州藩と連携して幕府を倒すという計画を立てたが、同じく従兄（惇忠の弟）の尾高長七郎の懸命な説得により中止することになった経緯が、NHK大河ドラマ『青天を衝け』（2021年）の中でも克明に描かれている。しかし、そのわずか1年後の1864年、一橋家に仕え、後に江戸幕府第15代将軍を継ぐ徳川慶喜の幕臣になったのである。

54年後の1918年、渋沢はこのことに触れ、次のように回顧した。「私の若い時国を出たのは、当時喧しかつた鎖港攘夷の説に左袒致し甚麼しても之を遣らなければ国家の存立を危くすると云ふ考からであつた[4]」。同時に、アヘン事件の失敗で香港がイギリスに占領された中国の歴史を実例として、「侵略主義――禍心を包蔵して居ることは推測に余りある次第である[4]」との見解を示した。黒船来航をアヘン戦争に類比する渋沢の認識からは、外国からの侵略に反対する態度が看取できる。

1872年、太政大臣の三条実美は各省の責任者を招いて、「台湾征討[6]」について諮問した。渋沢は大蔵大輔の井上馨に代わって出席し、経済と社会安定の視点から反対の意見を表明した。渋沢は、明治維新が終わったばかりで、国家は疲弊し人民は窮乏に苦しむ際に、外国で干戈を交えるのは非常に危険なことであり、外征に勝利を得るにもせよ、国内の経済が損を被るのは「虚名を海外に売る[7]」に過ぎない、と主張した。

2-2 戦争支持論

しかし、日中関係が悪化するにつれて、渋沢の中国への態度は大きく変化していった。

1894年、日清戦争が勃発したとき、渋沢栄一は福沢諭吉の呼びかけに積極的に応じ、各界の人々に呼びかけ、軍資を集め、有志者と協力して「報国会」を創立した。渋沢は戦前、海防費として2万円（現在の約1億3千円に相当）を寄付し、戦時中も軍を支援するために積極的に寄付を行った[8]。1905年5月、渋沢は国民後援会において、「戦争と経済」という演題で演説し、「此戦争に清国より大なる償金を取りて、政治に対しても軍事に対しても、大に用ゆるところがありました、随つて経済界にも俄然として様々なる事業が勃興したと云ふことは宜なる訳ではある[9]」と、自らの見解を示している。

清国からの巨額の賠償金を、政治的、軍事的に充てただけでなく、様々な実業の勃興のために使用したことで、日本のその後の発展を大きく促した。そのため、日清戦争について、渋沢は積極的に肯定したわけである。

1901年8月3日、義和団事変を鎮圧するため、清国に派遣された陸軍の帰国を歓迎する祝宴を催し、渋沢は、「本日の歓迎会は実に二様の意味を以て開かれたり、即ち一は各位が日本国民の声価を世界に発揚したるを謝し、一は又各位の絶大の殊功に依り、日清両国の関係を円熟せしめ彼我の貿易を発達せしむるの動機を与へられたるを信ず[10]」と、祝辞を述べている。

渋沢はそれまでの戦争反対の態度から一転して、対中国の二度の侵略戦争に対しては大きな熱意で支持したのである。それは、渋沢の実業家としての立場から、海外への経済拡張に乗り出すことが必要になるとの考えによるものであり、また、戦争により近隣諸国への経済進出ルートを開拓し、将来の開発に備えるための良い機会だと考えていたためであろう。

2-3 戦争に対する態度の再転

1901年9月25日、渋沢は清国の使節である那桐一行を迎える宴席で、再び両国間の商工業に対する交流を進めていく意欲を強調した。しかし、戦後の交流は渋沢が期待したようにはうまくいかず、中国への進出も滞る状態であった。

一方、日露戦争後、中国人による「利権回収運動」が起きた。清国が列強に与えた鉄道や鉱山の利権を回収し、民族資本によって経営しようとしたことで、産業資本への転換を促進しただけではなく、清朝政府と妥協する立憲派と、反満革命運動を起こした革命派の対立が1911年の辛亥革命へとつながっていったのである。

中国社会の混乱と外資への抵抗を見て、渋沢は中国との戦争が経済進出に不利であると判断し、新しい方法を模索し始めた。後の戦争と産業に関して述懐し、渋沢は次のような見解を示している。

> 予は之を信ぜず、抑も戦争に於ては、勝者は偉大なる利益を得、敗者は甚しき創痍と損害とを受く、然れども商売は此の如きものにあらず、売買双方とも是に依り相当の利益を得るを本旨とするが故に、戦争と同一視して此間兎角の邪推を挟むべきものにあらず[11]。

戦争と違って、商売は互恵の関係でなければならない。そのため、渋沢は実業界の協力を推し進めようとしたのである。しかし、当時の中国民族資本家の多くは、外国人の来遊を見れば直ちに利権を得るために来たと考えていたため、日中合弁事業を立ち上げる計画はうまくいかなかった。1914年、渋沢は意志疏通をはかるために中国に渡航した。

渡航後、渋沢は中国と日本の関係について、日本と中国は隣国同士であり、古くから密接な関係を持ち、漢字だけではなく、思想や習慣にも共通する点が多くあるだけに、提携すべきだと強調したのである[12]。また、中国訪問により、中国の「全土の天恵的富源（天から授かった豊富な資源）」を目の当たりにし、「支那は実に実業界に於て総ての要素を備へ居れると云ふも敢て過言にあらざるなり[13]」と論じ、「今後我帝国に於ける実業の興廃は、隣国なる支那実業界の盛衰如何に依りて運命を共にするもの[14]」と予見したのである。

三、渋沢の中国観における両面性

渋沢栄一の中国観は、学問基盤（主に儒学）と社会基盤（主に実学）という二つの角度から検証することができる。この二つの部分はそれぞれ独立したものでありながら、互いに影響しあい、渋沢栄一の複雑な中国観を形成している。儒学の素養が極めて高い日本実業界の指導者として、渋沢の中国観は、その時々で異なる時世の影響を受け、立場が変わっていく。そのため、日中関係と世界情勢が変わることによって、中国に対する見方も変化していったのである。

3-1　学問基盤に関する中国観

渋沢栄一は著書『論語と算盤』で示しているように、漢学に関する深い造詣の持ち主である。彼は生涯を通じて実業と儒学の教養を結びつけようと努めていたことから、中国に対する渋沢の認識は一般的な日本の企業家と著しく異なる一面を持っていたといえる。

江戸時代、多くの武士、大名、旗本、御家人は藩校で漢学（特に儒学）を学ぶが、渋沢の家は代々農家が本業であったため、幼い頃から父に句読を授けられ、従兄尾高惇忠からの手ほどきを受け漢籍の学問を修めた。また、青年時代に折衷学派として名高い儒者海保漁村の塾に入り、指導を受けた。

幕末・明治初期の日本では、福沢諭吉をはじめとする洋学者が儒学を否定的に捉える風潮もあった。しかし渋沢は、孔孟の儒教は仁義忠孝と五倫五常に基づきながらも、決してこの仁義道徳と功名富貴とを切り離してはいけないと儒学を肯定し、商業者の将来は必ず儒学で強調されている孝悌忠信や誠実律義を資本とする、と主張した。渋沢は日本の上流社会が「支那道徳[15]」で維持されるとし、「果して今日の人心を維持するものは何であるかと云ふと、唯功利あるのみと言ふ様になります、併し斯の如く其地位を墜し其品格を損して、終に其功利をも得ることは出来ぬのであります[16]」と論じて、中国の儒学の学問を高く評価している。

渋沢は常に中国人との交際に熱心であり、孫文とも親交を深めた。1912年の辛亥革命後に来日した孫文は、渋沢を訪ねて当時の中国社会について語り、渋沢は孫文に経済発展に専念するよう説得し、中日実業株式会社の創立を提案した。その後10数年間に亘り、孫文は何度も日本を訪れ、二人は定期的に文通をし、親しい関係を維持した。

渋沢は当時、中国人との交流においても孔子について常に言及した。1927年11月、渋沢は蒋介石との懇談会で「私が自分の主義を孔子の教へに置き民国は日本の師匠の国であるとして居る[17]」と、両国の関係を論述した。渋沢は当時の中国における政治と経済が分離していることを指摘し、速やかにこれを一つにすることが重要であると主張するなど、中国社会の発展に関心を寄せた。当時、中国における日貨排斥運動は両国の関係と商業を妨げ、渋沢はこのことに遺憾の意を表し、蒋介石に経済発展に尽くすように強調した。

渋沢は、個人的な付き合いの他、中国の危機に際して、社会的な組織を立ち上げて援助することにも積極的であった。1911年、支那留学生同情会を設立し、清国動乱で学費が払えず、退学の危機にある中国留学生を支援した[18]。また1931年、中華民国水災同情会を設立し、渋沢は病床でラジオを通じて寄付金を募集する演説を行った[19]。その他にも、広東地方水害罹災民救恤義捐金募集、天津水害義助会、北方旱魃飢饉罹災民救済など、渋沢は起業家でありながら、常に人間味溢れる態度で、できる限りの支援を行った。

3-2　社会基盤に関する中国観

渋沢の中国社会への見方は、三つの段階に分けて検証することができる。青年期には戦争に反対し、中国への好意を示したが、19世紀半ばから20世紀初頭にかけての二度の対中戦争では、日本財界の指導者として冷徹な戦争肯定派となった。その後、戦争が経済拡大の手段として使用できないと悟った渋沢は、恩威並行の態度を否定し、商業上の協力に目を向けるようになったのである。

渋沢は1914年の中国外遊先で何度も演説を行い、「外人が資本を供給して支那の富源を開発するも、供給者たる外人は少分の利益を得るに過ぎずして、被供給者たる支那人は過半の利益に浴するなり[20]」と、外国資本が入ってくることによって、中国に多大な利益がもたらされることを訴えた。また、日本国内でも「我等が日本の利益を図ると同時に支那の利益をも図り、利益と徳義と一致せしむるの道を以て相交はれば、玆に初めて提携の実を挙げ得るのである[21]」との見解を示し、中国と提携してウィンウィンの関係を作り上げるべきだと提唱した。一方、渋沢は表面的には平等の利益を主張しているかのように見えるが、日本を「東洋の平和を維持する盟主[22]」であると自負していることから、中国や朝鮮などアジア諸国を必ずしも対等の立場で平等に扱ってはいなかったことが看取できる。

1915年1月28日、日本政府は中国山東省におけるドイツ権益をすべて継承し、中国政府への日本人関与など、各分野での特権を含む「二十一ヶ条の要求」を突き付けた。その後、袁世凱政府から満足な回答を得られなかったことから、5月7日に「最後通牒」を発したが、その夜、総理大臣大隈重信は銀行関係者を官邸に招き、最後通牒を発するのは止むを得ないことだと説明した。これに対し、渋沢は次のように積極的に賛同する旨の意見を発表している。

国際の交誼は所謂忠恕の心、友愛の情をも加へて、充分なる談判を進め、已むを得ずして威を用ゐるであらうと思ひます、私は支那に対する態度を、唯恩威のみを以てするといふお考であつたなら、それは大なる謬見であると思ふ、幸に此談判が無事結了しました暁には、どうぞ愚衷を御採用ありたい、今日重要の御内示を拝承して已むを得ぬことと御同意申上げると同時に、現在にも将来にも、国際上飽迄も忠恕の心、友愛の情を以てこれを処理し、已むを得ざる時のみ威を用ゐるといふに、御考慮あるやうに希望します[23]。

渋沢はここで、自ら主張していた「唯恩威のみを以てするといふお考」を「大なる謬見」であると否定し、最終的に目的を達成するためには武力に訴えるのもやむを得ないことだと大隈に賛同した。

しかし、中国政府が二十一ヶ条をすべて承認した後、渋沢への取材記事が掲載された『中外商業新報』によれば、「若夫れ干戈に訴ふるが如き場合に立至るとせば、日支の実業関係は全く滅茶々々となるの外なく、中日実業公司の如きも其本能の発揮を事実中断せざる可らざるの運命に立至らむを遺憾とするものなり[24]」とあり、渋沢の本心は一貫して日中の実業の関係を中断すべきではないという考えであり、上述した「武力を用いるのはやむを得ない云々」という発言は不本意ながら表明したものだと思われる。

渋沢はさらに、「支那に対しては敬愛といふことが無いやうに見えます、敬愛の無い交際は円満に進んで行かぬといふことは、智者を待たずして知ることで、支那に対する交際に付て、私の今日の憂ふべき点は此処であります、要するに支那人が悪いといふよりは、先づ我が邦人自らが悪いと考へて宜からうと思ふ[25]」と指摘している。これは高い儒学の素養の持ち主ならではの考えであり、渋沢の中国観の根底をなしている。

戦争に対する態度が何度か変わったことについて、晩年の渋沢栄一は、ウォルター・ウィリアムズ博士の招待茶話会で、その理由を次のように述べている。

英国が支那へ阿片を売つて置いて戦争をしかけたことなどを知つてから、外国の不法を憤り、大いに攘夷論を唱へた訳で、ペリーなども英国などと同様の目的で来朝したのであらうと思つたりしました。其後外国の事情は知らねばならないと考へるやうになつて居りましたが、廿八歳の時仏国へ赴き、帰国してからは外国との親善の必要を覚り、米国の総領事で後に公使になつたハリスなどの親切であつたことを想ひ、爾来日米親善に就ては特に力を尽して居ります。[26]

国際情勢に対する理解が深まるにつれ、渋沢は国際親善や国際的な協力関係の重要性を徐々に認識し、外国と協調することによる経済発展の達成を優先させるようになった。そして、戦争は経済拡大の手段ではなく、むしろ中国人の強い排日感情を呼び起こすことにつながると悟り、その結果、「忠恕の心」と「友愛の情」をもって中国に接するという新しい方向へ舵を切ったのである。

四、むすびにかえて

渋沢は日中親善を維持しながらも、日本の利益が損なわれると戦争を最後の手段とすることも否定しない。この両面性の根底には、実業家としての利益追求があると指摘できる。戦争反対から支持へ、そしてまた反対へと、渋沢の対中姿勢は何度も変化した。また、国際情勢も変わり、それを的確に把握したことで、渋沢の外交理念も徐々に成熟するようになった。これは渋沢が直接孫文と交渉し、日中共同で中華民国中央銀行を設立する提案を行ったことや、中国実業会社の設立などの実例からも伺える。

また、日中両国で戦争を繰返していた時代にもかかわらず、渋沢は積極的に中国社会に必要な支援を提供し、日中友好関係の構築に力を尽くした。その虚心坦懐で包容力のある実学の精神は、今日の日中関係を考えるうえでも高く評価すべきであり、2022年現在の日中関係にとっても示唆的である。

国交正常化50周年に当たり、両国は政治問題だけではなく、経済分野においても緊張が高まっている。『読売新聞』（2022年9月29日）の「日中～友好から緊張に」によれば、現在の日中関係の状況は、もはや無視できない段階にあることを示している。近年、日本人の中国に対する親近感、或いは中国人の日本に対する親近感は悪化する一方である。しかし、「外交に関する世論調査」の年齢層別の対中感情を分析すると、「対中感情が最も悪いのは60歳以上の世代で、最も良いのは20代」となっている。この理由について、「60代は1950年代以降に生まれ、高度成長期に青春時代を過ごしており、日中関係から見ると、人生の大部分を日本がずっと優位に立っていた時代に生きている。だが、20代からすると、状況はまさに正反対だからだ」と、シンガポールの『聯合早報』（2018年3月28日）が東京大学の川島真教授の分析を報じている[27]。

日本の民間団体「言論NPO」と「中国国際出版集団」による2021年の「日中共同世論調査」によると、「世界経済の安定的な発展と東アジアの平和を実現するために、日中は新たな協力関係を構築すべきか」との質問には、「構築すべき」と回答した中国人は70％を超える。一方、「言論NPO」の工藤代表は、中国人の日本に対する好感度について、「新型コロナウイルス感染拡大前の数年間は、日本を訪れる中国人は急増していたため、日本への印象が良かったが、感染拡大の影響で訪問が途絶えたことから、中国人の日本に対する印象が大幅に悪化した」と指摘している[28]。また、同じ質問に対して、「構築すべき」と回答した日本人も42.8％となっている。そして、「中国にマイナス印象を持っている」と回答した日本人が9割超えるとの結果を踏まえれば、中国に対して親近感を持たない日本人であっても、日中の新たな協力関係を「構築すべき」だと考えていることが分かる。次に、「日中関係が重要」と考える理由では、日本で最も多いのは「重要な貿易相手だから」の58.4％で、中国では「隣国同士だから」という一般的な認識が71％で最も多く、「重要な貿易相手だから」が50％でこれに続いている。

日本において、経済面をはじめとして中国との協力関係構築は重要だという認識が存在し、また、中国においても同様の認識があるということは、双方の国民は、特に経済分野において対立よりも協調を求めているという結果が浮かび上がった。

渋沢栄一の時代は、世界が混乱し、日中関係は今日とは比較にならないほど厳しいものであったが、それでも渋沢は両国の友好関係のために働きかけ続けた。平和の時代にある私たちが、渋沢栄一の精神を受け継ぎ、良好な日中関係を維持していくために動かない理由はない。

参考文献

（一次文献）
渋沢栄一『雨夜譚』岩波書店、1984、p.638.
渋沢栄一「ウオルター・ウキリアムス博士招待茶話会」「竜門雑誌」第468号、1927年9月
渋沢栄一「大阪ホテルに於て」「竜門雑誌」第314号、1914年7月
渋沢栄一「凱旋将校の歓迎」「東京経済雑誌」第44巻第1092号、1901年8月
渋沢栄一「最後通牒に就て」「竜門雑誌」第324号、1915年5月
渋沢栄一「支那視察談」「竜門雑誌」第314号、1914年7月
渋沢栄一「支那人往復（二）」2022年10月2日閲覧
https://eiichi.shibusawa.or.jp/denkishiryo/digital/main/index.php?DK390005k_text
渋沢栄一「渋沢男爵支那漫遊中の演説及談話の梗概」「竜門雑誌」第336号、1916年5月
渋沢栄一「慈善事業に就て」「竜門雑誌」第363号、1918年8月
渋沢栄一「春季総会に於て」「竜門雑誌」第328号、1915年9月

渋沢栄一「青淵先生の商業教育談」「竜門雑誌」第18号、1903年10月
渋沢栄一「戦争と経済」「竜門雑誌」第204号、1905年5月
渋沢栄一「総長ト外国人トノ談話筆記集」2022年2月7日閲覧
https://eiichi.shibusawa.or.jp/denkishiryo/digital/main/index.php?DK010003k_text

（二次文献）
金東《王道与霸道：渋沢栄一対華態度与交往研究》、華中師範大学、2011年
李廷江“大正初期的渋沢栄一与中国”、王建朗、栾景河《“近代中国、東亜与世界”国際学術討論会論文集（上冊）》、社会科学文献出版社、2006年、pp.165-175.
史少博“渋沢栄一《論語与算盤》的儒商之道及其啓示”、《学術交流》、2010年第3期、2010年3月、pp.93-96.
周見“渋沢栄一的中国観”《中国経済史論叢》、2014年第1期、2014年12月、pp.43-58.
樺山紘一「渋沢栄一について語ろう」、学士會『学士會会報』2021(6)、2022年11、pp.4-14.
増田明六「青淵先生支那紀行」『竜門雑誌』第315号、1914年8月

---

1 『渋沢栄一伝記資料』（以下、『資料』と略す）（第27巻）公益財団法人渋沢栄一記念財団、1968、p.296.
2 『資料』（第27巻）、p.299.
3 『資料』（第1巻）、p.166.
4 『資料』（第30巻）、p.410.
5 同上
6 「明治五年壬申十一月（1872年）、太政大臣三条実美各省主任者ヲ招キテ台湾征討ノ可否ヲ諮問」『渋沢栄一伝記資料』（第3巻）公益財団法人渋沢栄一記念財団、1968、pp.637-643。同資料には「台湾征討」が延べ13回出ている。
7 『資料』（第3巻）、p.638.
8 『資料』（第28巻）、p.440.
9 『資料』（第28巻）、p.481.
10 『資料』（第28巻）、p.460.
11 『資料』（第32巻）、p.593.
12 『資料』（第32巻）、p.612.
13 『資料』（第32巻）、p.591.
14 『資料』（第32巻）、p.589.
15 『資料』（第26巻）、p.246.
16 『資料』（第26巻）、p.842.
17 『資料』（第39巻）、p.31.
18 『資料』（第36巻）、pp.88-93.
19 『資料』（第40巻）、pp.72-96.
20 『資料』（第32巻）、p.536.
21 『資料』（第32巻）、p.495.
22 『資料』（第33巻）、p.125.
23 『資料』（第42巻）、p.491.
24 『資料』（第48巻）、p.686.
25 『資料』（第42巻）、p.489.
26 『資料』（第39巻）、p.500.
27 「日本人の中国に対する親近感、若者世代では意外に高い―中国メディア」2022年9月30日閲覧
https://pre.recordchina.co.jp/b587733-s0-c30-d0062.html
28 NHK「中国の人は日本のことをどう思っている？最新の世論調査から」2022年10月9日閲覧
https://www3.nhk.or.jp/news/special/international_news_navi/articles/qa/2022/05/25/21262.html

優秀賞

インダストリアルメタバースの導入について

～日中製造業の未来に向けて～

明治大学経営学部経営学科4年
木谷加奈子

はじめに

本論文は、近年注目を浴びているメタバース事業について、自国の日本と急成長をとげていると言われる中国の現状に焦点を置き比較することで、今後メタバース事業に取り組んでいく上で日本はどのようにしていくべきか、また日中はどのように関わっていくべきなのかについて製造業の観点から考察するものである。

メタバースとは「多人数が参加可能で、参加者がその中で自由に行動できるインターネット上に構築される仮想の三次元空間。ユーザーはアバターと呼ばれる分身を操作して空間内を移動し、他の参加者と交流する」とされている[1]。メタバースという言葉自体は、米国のSF小説『スノウ・クラッシュ』(1992年)にて仮想空間サービスを表す言葉として登場している。その後、2003年に米リンデンラボが発表した「Second Life」は世界で初めて実現したメタバースといわれており、2007年に日本でもブームとなったが、その後半年程経つ頃にはその勢いも落ち着き、それ以降メタバースの概念についてはあまり議論されてこなかった。しかし、2021年3月、米企業のRobloxがメタバース銘柄として初めてニューヨーク証券取引所に上場したことや、同年10月米Facebookが「メタ・プラットフォームズ」に社名変更したことによって、メタバースは再び世界各国に注目され始めた。また、新型コロナウイルスの感染拡大以降、生活や仕事においてオンラインでの活動やコミュニケーションが増えたことで、より一層物理空間に近い間隔でのオンライン交流の需要が増し、さらに、各国でメタバースを活用したビジネス展開が加速している。

メタバースビジネスと聞いて真っ先に思い浮かぶのは、おそらくゲームやバーチャルライブなどのエンターテインメント事業であろう。しかし、メタバースは近年、エンターテインメント事業以外の領域でも注目を浴び、産業界にて応用する企業も増えている。中でも、既存のテクノロジーを活用して、物理的な資産をデジタルに拡張し、バーチャルで複数の関係者と同時に活用するインダストリアルメタバースへの注目度が高く、既に利用を開始している事例もある。今回はインダストリアルメタバースに焦点を置き、製造業におけるメタバースについて見ていく。

なお、本論文は4つの章から成り立ち、一章では製造業におけるデジタル化の現状、二章ではメタバースを製造業に導入する意義、またその効果について見ていく。三章においては日中両国におけるインダストリアルメタバースに関する技術の導入事例を、そして四章では前章を受けて、日本が中国とどのように付き合い、これからどのように立ち向かっていくべきか考察していく。

一、製造業におけるデジタル化の現状

インダストリアルメタバースについて論じていく上で、まず、製造業におけるデジタル化について、世界市場の動向と日本国内の現状について見ていく。

1-1　世界の製造業におけるデジタル化の動向

世界ではデジタル技術を活用し、製造業での自動化・効率化に取り組むだけでなく、その先のイノベーションを生み出し、新たな価値創造を行っていく取り組みが進んでいる。環境が予測不可能に変化していく不確実なVUCA時代（Volatility・Uncertainty・Complexity・Ambiguityの頭文字を取った造語で、社会やビジネスにとって、未来の予測が難しくなる状況を指す）において、市場のニーズも多様化し変化も著しい。現代ではそのニーズに迅速に応じて、新たな製品を設計・開発するエンジニアリングチェーンの機能強化や、時代に応じた新たなる価値提供が市場競争の鍵なのではないか。その力なくしてはグローバル市場で取り残されていってしまう。

また、世界中で製造業のデジタル化が進むのに伴って、その指標の一つとして「ライトハウス」への認定というものがある。ライトハウスとは、世界経済フォーラム（以下WEF）から世界で最も先進的であると認められた工場に対して送られる称号である。2021年11月時点で、世界で認定されている90の工場のうち、中国には29工場と、最も多くの工場が登録されている。これに対して日本は2工場のみとなっている。

1-2 日本の製造業のデジタル化における現状

日本の製造業では、労働人口の減少や、新型コロナウイルス感染症の拡大など、先行き不透明な状況によって新たな設備投資に踏み切れず、設備が老朽化しているなどといった問題を抱えている[2]。人手不足や予測不可能な環境の変化、消費者ニーズの多様化にも対応していくために、デジタル化や最新技術の導入、ロボットによる製造プロセスの自動化や効率化の必要性が高まっている。しかし、日本企業はデジタル化自体が遅れているという評価もある。スイスの国際経営開発研究所が公表した2020年デジタル競争力ランキングにおいて、日本は前年に比べて4位下がり、63か国・地域のうち27位となっている[3]。一方、隣国の中国は前年の22位から順位を上げ、16位となっている。さらに、日本外務省が行った米国の様々な分野の200人のオピニオンリーダーに、アジアと近隣諸国の中から「米国の最も重要なパートナー」を選ぶとすればどこかというアンケートを取ったところ、35%が中国を選び、33%が日本を選んだ[4]。また、日本の製造業におけるデジタル化の多くは、業務効率化や生産性向上を主たる目的としており、新たな製品やサービスの提供、新たな価値創造によるビジネスモデルの変革を目指す動きは少ない。

1-3 日本のデジタル化が遅れている原因

現状、日本がデジタル化になかなか踏み込めない理由として2点考察した。1点目は意思決定の遅さである。日本ではいまだピラミッド型企業が多い。変化が著しく、不確実性が高いVUCA時代には、素早い対応や改善が求められる。そのためにはアジャイル型組織へと改変していくべきなのではないか。アジャイル型組織はフラットで、トップだけでなく各チームや社員にも権限を分散している。そのため、ピラミッド型組織に比べて意思決定までの時間が短く、開発サイクルも素早く回すことができる。

2点目は、日本は新興国と違ってモノづくりに関して既存のノウハウを持っている点である。日本のような先進国では、新しい技術や製品、サービスなどが生まれると既存のものとの競合や摩擦が生じるため、普及までに時間がかかる。実際、自分が使い慣れているものから新しいものに乗り換えるにはためらいが生じる。新しいものを取り込むのに、既存のモノを取り払うという余計な行程がついてくるのだ。一方で、既存システムが未発達な中国や新興国は、新しい技術やサービスを取り入れる際に、日本のようなしがらみがないため、一気に最新技術を浸透させていったのではないか。

二、インダストリアルメタバースについて

2-1　インダストリアルメタバースとは

前章にて製造業のデジタル化においては新たな製品やサービスの提供、価値創造が市場獲得の鍵ではないかと述べたが、インダストリアルメタバースはまさにその新しいサービスの一つといえるのではないだろうか。インダストリアルメタバースとは、製造業など産業において導入されるメタバースのことを指す。製造業におけるメタバースの用途は主に3つ考えられる。

1つ目は「製品のプロモーション」である。メタバース空間を利用することで、どこからでもアクセスが可能なバーチャルショールームを構築することができ、世界に向けて製品をプロモーションすることができる。また、まだ物理空間に存在していない、開発途中の製品や、新製品の発表なども３Ｄモデルを使うことでいち早く顧客に届けることができると共に、新たなプロモーションにより自社製品の新しい訴求のカタチが生まれる可能性もある。

2つ目は「チーム作業の効率化」である。メタバース空間を利用することで、非対面でありながらもリアルに近い感覚でのコミュニケーションが可能になると共に、製造業では難しいとされていた異なる拠点間での同時作業やテレワークのような柔軟な働き方が可能となり、チーム作業の効率化に繋がる。特に設計業務において、今までは図面などの二次元空間または、縮小した模型でしか設計できなかったものが、仮想空間を活用することで、製品の設計データを実物大で投影することが可能である。これに加え、その投影を複数人で同時に見ていくことができるため、その場でのレビューや修正が可能となり、時間の短縮にも繋がる。

3つ目は「デジタルツインの活用」である。デジタルツインとは「リアル（物理）空間にある情報をIoTなどで集め、送信されたデータを元にサイバー（仮想）空間でリアル空間を再現する技術」である。デジタルツイン技術が発達した背景にはIoTやAI技術の進化がある。IoTで取得した様々なデータをクラウド上のサーバーにリアルタイムで送信し、AIが分析・処理をすることで、リアルタイムでの物理空間の再現が可能となっている。これにより製造業においては、コンピュータ上にて、リアルタイムでより現実に近

い物理的なシミュレーションが可能となる。例えば工場そのものをバーチャル空間に投影し、アバターとしてバーチャル工場に直接入り込んで生産ラインの様子を確認したり、物理空間では難しい大規模なシミュレーションが行えたりと、自社製品の製造工程やサービスの在り方を改善する上で有効な手段となる。

2-2 デジタルツインの活用

インダストリアルメタバースの用途について論じてきたが、特にデジタルツインは製造業の製造工程に大きな効果をもたらすという点において、重要な技術であるといえるだろう。

ここからは製造業において、デジタルツインを導入するメリットとして考えられる点を6つあげていく。

1つ目は設備保全である。生産ラインをデジタルツインで再現しておくことで、トラブルが発生した際でもすぐにデータを収集・分析し、原因を調べることができる。従来ではトラブルが発生した場合、製造部門からのトラブルの報告やレポート、顧客からのフィードバックを待ち、それを受けてから、検証、設計の見直しを行っていたために時間を要していたが、デジタルツインでは、リアルタイムでのデータ収集が可能なため、原因特定から試作、改善までをスピーディーに行うことができる。

2つ目は品質の向上である。物理空間では資源などが限られているために、作ることのできる製品の試作数も限られているが、仮想空間では資源は必要ないため、何度でもトライアンドエラーを繰り返すことができる。また、仮想空間にて誰もが見られる形で検証を行うことで、各部門の知見・意見を集約することもできる。

3つ目はリスクの低減である。前述したように仮想空間では何度も試作できるため、リスクの低減にも効果が見込める。物理空間では新製品の開発には膨大なコストがかかるため、シミュレーションも頻繁には行うことはできない。そのため、リスクが不透明なまま開発・製造が進んでいく。しかし、そこで仮想空間を活用することで試作からライン稼働まで予測することができるため、低リスクに新製品の開発が行える。

4つ目は期間短縮などの製造体制の最適化である。実際に生産ラインで人員変更やプロセス変更することは、製造の遅延など影響が出る可能性があり難しい。また、製造の遅延についても人員が足りないのか、または製造プロセスに問題があるのかなど、すぐに原因を突き止めることは難しい。しかし、デジタルツインではリアルタイムでの人員の稼働状況や負荷をデータで可視化できるため、生産ライン全体を把握しやすく、容易にシミュレーションすることができる。これにより最適なスケジュール・人員配置に変更することが可能であり、製造プロセスを最適化し製造期間の短縮に繋がる。

5つ目はコストダウンだ。現実世界で製品の試作を行う場合、材料費から人件費まで多大なコストがかかる。デジタルツインを導入するとそれらのプロセスを仮想空間で行うことができ、コストの削減に繋がる。また、デジタルツインでは、製造だけでなく流通した後も、データとしてどのくらいの需要があるのか、使用状況はどうなのかといった点も把握可能であるため、別途にリサーチを行う手間や費用も削減できるのではないか。

最後はアフターサービスについてである。企業価値と顧客満足度を高めるためにはアフターサービスは欠かせない。出荷後もデジタルツインを駆使して、製品のバッテリー消耗具合や摩耗状況の把握から故障時期を予測してメンテナンスを行い、部品交換やバッテリー交換などのアフターサービスを適切なタイミングで行うことができるのではないか。また、使用状況のデータから、顧客ニーズにあった新製品やサービスの開発へと繋げることもできると考えられる。

このように、製造業においてデジタルツインの導入は、それまでのただ製品を作り売るということから、サービスを提供するといったビジネスモデルの変革の可能性を秘めているのではないか。

三、日中両国の事例

次に二章にて触れた、インダストリアルメタバースのメインとなり、産業のイノベーションにおいて重要となってくるデジタルツイン技術を中心に、日中両国での事例をピックアップして見ていく。

3-1　中国企業事例～上汽大通～

上汽大通は、2011年に上海市で設立された中国の自動車製造会社である。無錫、南京、麗陽の3つの地域に生産拠点を持ち、その一つである南京工場は、スマート工場として2019年にWEFから「ライトハウス」として認定されており、世界でも注目されている。ライトハウスとして認定された大きな理由として、WEFは、デジタル・ソリューション・アプリケーションを使ったカスタマイズ型の自動車の大量生産を可能とし、多種類のオーダーや、オーダーからデリバリーまでの期間短縮など、サービスレベルの向上を挙げている。南京工場ではC2B型マスカスタマイズの生産を実現するために、生産のスマート化を重視し、計画・工場・品質の3つの面からスマート製造体系を立てている。C2B型とは顧客が価値を生み出し、それを企業に再販するビジネスモデルのことである[5]。

計画面において、ユーザーはWebまたはアプリ「カーコンフィギュレーター」で好きなスタイル・部品・資材・機能を選び、自分好みのマイカーをデザインすることができる。選定後、トータルの金額、予測納期などの情報が表示され、その情報をもとにユーザーは正式に注文するかどうか決めることができる。さらに、注文後はマイページ画面にて、リアルタイムで進捗状況を確認できる。これによりユーザーオーダーのカレンダー化と見える化を図り、オンタイムデリバリーを実現している。また、オーダーデータと予測データをもとに資材計画を作成し、サプライヤーとシームレスに連携することを可能としている。工場ではデジタルツインによって車のオーダーからデリバリーまでの流れをデジタル化して管理しており、オンラインで全ての情報を確認・追跡できるようになっている。また、自動スケジュールと配置システムで工場のフレキシビリティーの向上、デジタルシミュレーションにより、製造プロセスの可視化と製造期間の短縮の実現、多種多様なニーズに対応するための対応・改善センターの設置などに取り組んでいる。品質面については、品質確保作業をオンラインで実施することで配置作業の間違いや検査作業の不備を防止している。また、オーダー要件と素材・作業順序との関連付けをリアルタイムに検証し、オーダーとのずれを防止している。

このようにして、上汽大通ではユーザーがカスタマイズした製品を形にするとともにそのデータを取得することで、顧客データが新たな価値として企業に還元され、自社のビジネスに生かしていくという新たなC2Bカスタマイズ生産をビジネスモデルとしてうまく進めている。

3-2 日本企業の事例

1931年に設立された日本の大手総合化学メーカーである旭化成は、2021年、事業変革に向けたデジタルツイン活用を含むロードマップを発表しており、すでにデジタル導入フェーズの一環として、水素製造プラントにおけるアルカリ水電解システムのデジタルツイン環境を構築している[6]。製造・貯蔵から輸送までの一連の流れをデジタルツインで可視化することによって、運転の最適化、保守保全の高度化と遠隔監視を実現させた。この遠隔監視は、人手不足の解消と技術継承にも効果があった。同社では長年生産に携わってきた経験豊富なエンジニアの人数が限られており、人材不足に陥っていた。しかし、デジタルツインの環境を構築することで、製造、貯蔵、輸送の各プロセスを監視し、遠隔操作や運転監視が可能となった。これにより、経験豊富なエンジニアがその場にいなくとも、遠隔地から実際の製造現場の様子を見て対応することができるのだ。この仕組みを活用することで、国内だけでなく海外の工場に対しても遠隔で指示を出したり、作業したりすることができ、市場拡大の可能性を広げることができる。また、デジタルツインによって熟練工の技能や知識を記録し、技術継承にも役立てられる。さらにオペレータ作業にもデジタルツインを導入している。人の動きをデジタル化して作業姿勢を解析し、環境や精神的負荷も考慮した独自の指標を設け、作業負荷の軽減や効率化に取り組んでいる。

また、他にも近年メタバースに取り組み始めた企業がある。1896年に設立された重工業メーカーである川崎重工業では、2022年に米マイクロソフトと組み、2～3年以内に産業用メタバース事業に参入すると発表した[7]。工場を丸ごとメタバース空間に再現することで、ロボットの不具合の予兆を捉え、現場では困難な実証実験を遠隔で実施できる。各ユーザーはアバターを使ってデジタルツインを観察・操作し、交流できるようにすることで、遠隔地にいる複数の関係者が通信ネットワークを介して協業できるようにすることが狙いである。

このように、日本では最近デジタルツイン導入の取り組みを始め、まだ開発途中である企業が目立つ。

四、日本の今後に関する考察

これまで見てきた事例から、今後、日本の製造業においてデジタルツイン技術を導入し、インダストリアルメタバースを普及させていくために必要な要因について考察する。前章で見てきた通り、日本はデジタルツイン、インダストリアルメタバースにおいてはまだ開発段階である企業が多い。また、旭化成の事例からも、デジタルツイン導入における主な目的は人手不足解消や技術継承、業務効率化改善などにあるところが多いことが分かった。一方で、中国の上汽大通ではデジタルツインを応用することで、業務の効率化改善を図るだけでなく、顧客を中心としたC2Bカスタマイズ生産が可能となった。これは従来の大量生産を繰り返し、流通させるというビジネスモデルから抜け出し、顧客にサービスを提供するという点で、VUCAの時代において、予測不可能な状況や、消費者の多様化するニーズに応えていけるビジネスモデルに変化を遂げているといえるだろう。

大切なことは、むやみにデジタル化しメタバースを導入するのではなく、その目的、得られる効果について明確にするべきであるという点だ。実際、デジタルツインを導入することは容易ではなく、各工程をデータ化し一つに集約して仮想空間で表すまでには、沢山の時間と費用がかかる。メタバースの導入が業務効率化などの改善のみでは、結局メタバースを使って新たな価値を生み出している企業に負け、企業の成長には繋がらず、コストをかけただけになってしまうのではないか。また、日本ではビッグデータの活用がいまひとつであるといわれがちであるが、ビッグデータを活用することで顧客のニーズをいち早く読み取り、企業のビジネス戦略に役立てることもできる。時代のニーズを読み取っていくことが、これからのビジネスにとって益々重要になる。

また、近年急成長を遂げている中国やアジアの新興国に視点を向けることも重要である。日本ではいまだにモノづくりに関してノウハウを持っており、それを提供していく側であるという認識を持っている企業も多いのではないか。先ずは実際にビジネスとして他国と絡んでいくことで、自身の企業の遅れを自覚し、足りない点や見えていない視点を見つけることができる機会となるのではないだろうか。日本企業は自身が学んでいかなければならないという自覚を持つべきである。中国や新興国は技術を外部から学び導入し、アジャイル型のモノづくりで急速に発展していった。このような技術の活用とスピード感は日本が学んでいくべき点である。これらの外部の技術と、日本の強みである製造ノウハウやコンテンツを掛け合わせることで、日本独自の競争力あるソリューションを生み出していけるのではないか。この点で、インダストリアルメタバースはまだ注目され始めたばかりであり、これから新しい価値を生み出していける可能性は十分にあるといえるだろう。

おわりに

本論文では、世界と日本のデジタル化の現状を説明した上で、インダストリアルメタバースとその技術の一つであるデジタルツインの導入意義を論じた。そして日中に焦点をあて、両国の実際の企業での導入事例を見たうえで、製造業におけるメタバースの導入に向け、これから日本がどのように取り組んでいけば良いのか考察した。今、世界中で製造業におけるデジタル化の推進が必至となっており、各国はそこから新たなる市場価値を生み出すことで競争している。メタバースもその競争の一つといえる。日中両国は、中国ではスピードや柔軟性、また、日本では安定した製造ノウハウからの品質性の良さというように、それぞれに違った特徴、強みを持っている。これからインダストリアルメタバース事業を進めていく上で、両者の強みを学び合い、協業し、高度化していくことは、互いにアジアの国として市場を獲得していくためにも、これから重要となってくるのではないか。日本にとって、中国とアジアの新興国はコミュニケーションを通して学び合い、成長していくためにも欠かせない存在であるといえよう。

参考文献

KPMG「メタバースの歴史と定義」(閲覧日2022年10月8日)
https://home.kpmg/jp/ja/home/insights/2022/06/metaverse-business-kc02.html
株式会社日本総合研究所先端技術ラボ「メタバースの概要と動向～ビジネスシーンでの活用に向けて～」(閲覧日2022年10月8日)
https://www.jri.co.jp/MediaLibrary/file/column/opinion/pdf/13531.pdf
MONOist「製造業こそ「メタバース」に真剣に向き合うべき」(閲覧日2022年10月8日)
https://monoist.itmedia.co.jp/mn/articles/2201/07/news039_3.html
経済産業省「製造業を巡る動向と今後の課題」(閲覧日2022年10月9日)
https://www.meti.go.jp/shingikai/sankoshin/seizo_sangyo/pdf/009_02_00.pdf
国際貿易投資研究所(ITI)「令和3年度 中国デジタル・トランスフォーメーション戦略と多国間協力の可能性に関する研究」(閲覧日2022年10月9日)
https://iti.or.jp/report_124.pdf
やまとごころ.jp「世界のデジタル競争力ランキング1位はアメリカ、日本は27位、人材や知識・スキル、俊敏性などに課題」(閲覧日2022年10月9日)
https://yamatogokoro.jp/inbound_data/40398/
国立研究開発法人科学技術振興機構研究開発戦略センター「デジタルツインに関する国内外の研究開発動向」(閲覧日2022年10月9日)
https://www.jst.go.jp/crds/pdf/2021/RR/CRDS-FY2021-RR-09.pdf
総務省情報流通行政局情報通信政策課情報通信経済「デジタルツインの現状に関する調査研究の請負成果報告書」(閲覧日2022年10月9日)
https://www.soumu.go.jp/johotsusintokei/linkdata/r03_06_houkoku.pdf
Production Compass「メタバースは製造業が抱える問題解決の突破口？メタバース導入は製造業の可能性を飛躍させる」(閲覧日2022年10月9日)
https://p-compass.com/manufacturing-and-the-metaverse/
株式会社SoftBank「【図解】デジタルツインとは？優しく解説」(閲覧日2022年10月9日)
https://www.softbank.jp/biz/blog/business/articles/202009/digital-twin/
株式会社SoftBank「10兆種類のカスタマイズが可能な自動車製造「上汽大通」のスマート工場」(閲覧日2022年10月15日)
https://www.softbank.jp/biz/blog/business/articles/202103/lighthouse-saic/
上汽大通MAXUS「SAIC MAXUSのC2Bビジネスモデルは世界に認められており、その南京工場はサマーダボスフォーラムで…」(閲覧日2022年10月15日)
https://www.saicmaxus.com/news/201907/702.shtml

ビジネス＋IT「グローバルライトハウスとは？お手本にすべき世界のすごい工場90拠点まるごと解説」（閲覧日2022年10月15日）
https://www.sbbit.jp/article/cont1/74184?page=1
株式会社旭化成「旭化成における「デジタル×共創」によるビジネス変革」（閲覧日2022年10月15日）
https://www.asahi-kasei.com/jp/news/2021/ip4ep3000000459e-att/ze211216.pdf
Microsoft「産業での活用が進むメタバース：設計、開発から試験まですべての工程を仮想空間上で実行できるコラボレーション環境を目指す、川崎重工の取り組み」（閲覧日2022年10月15日）
https://news.microsoft.com/ja-jp/2022/05/25/220525-metaverse-increasingly-used-in-industry/
「中国・新興国型インダストリー4.0「デジタルものづくり」のイノベーション拠点となりつつある中国と、新興国によるアジャイル型スマート製造のトレンド」（閲覧日2022年10月21日）
https://www.nri.com//media/Corporate/jp/Files/PDF/knowledge/publication/chitekishisan/2021/01/cs20210105.pdf?la=ja-JP&hash=452A91C2835A2152F2A1D789DD98593705D96C0E

---

1 KPMG「メタバースの歴史と定義」（閲覧日2022年10月8日）
https://home.kpmg/jp/ja/home/insights/2022/06/metaverse-business-kc02.html
2 経済産業省「製造業を巡る動向と今後の課題」（閲覧日2022年10月9日）
https://www.meti.go.jp/shingikai/sankoshin/seizo_sangyo/pdf/009_02_00.pdf
3 総務省「令和3年版情報通信白書」（閲覧日2022年10月9日）
https://www.soumu.go.jp/johotsusintokei/whitepaper/ja/r03/html/nd103100.html
4 国際貿易投資研究所（ITI）「令和3年度 中国デジタル・トランスフォーメーション戦略と多国間協力の可能性に関する研究」（閲覧日2022年10月9日）
https://iti.or.jp/report_124.pdf
5 SMARTOSC「2021年のECビジネスモデルの6つのタイプ」（閲覧日2022年10月29日）
https://smartosc.jp/types-of-ecommerce-business-model/
6 旭化成「旭化成における「デジタル×共創」によるビジネス変革」（閲覧日2022年10月15日）
https://www.asahi-kasei.com/jp/news/2021/ip4ep3000000459e-att/ze211216.pdf
7 日本経済新聞（閲覧日2022年10月15日）
https://www.nikkei.com/article/DGXZQOUC172SP0X10C22A8000000/

優秀賞

古代日中の文化交流に関する考古学的考察
～特殊須恵器からみた～

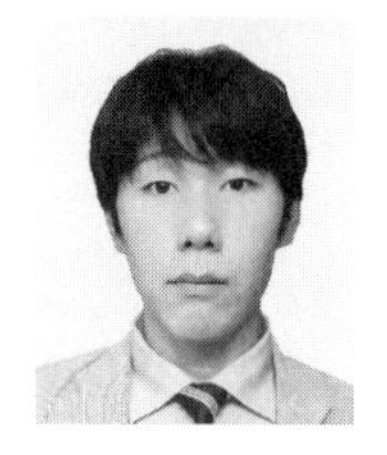

名古屋大学大学院人文学研究科
博士前期課程2年
陳永強

はじめに

ユーラシア大陸の極東に位置する日本列島において、海域を通じた交通が政治、思想、文化、生活に多大な影響を及ぼしたことは周知である。「倭人」と呼ばれた集団から古代国家としてのヤマト政権へ移り変わるという国家社会が形成されていく過程の中で、時代に応じて東アジアの海域から押し寄せた交流の波が作用した。こうした独自の文化の形成と、日本列島に住む倭人社会の特質がどのように形成されたか、その起源を考える時、いち早く国家形成を遂げた中国大陸の諸王朝を中核として、朝鮮半島や日本列島に広がる東アジア世界の動向を探る視点が重要となる（中久保2017）。

周知のとおり、3世紀前半から中葉にかけて、邪馬台国の女王卑弥呼は、魏に使を派遣し、「親魏倭王」の称号を与えられた。これ以前から倭人は楽浪郡を通じて前漢と定期的な交渉を行っており、その後、『後漢書』魏志倭人伝によれば、57年には倭奴国王が後漢・光武帝に遣使して印綬をうけ、107年には倭国王師升等が生口多数を献上するなど、倭人の国際感覚は成長していった。また中国の『宋書』・『梁書』などの古文献には5世紀に、讃・珍・済・興・武という5人の倭国の王が数十回南朝へ朝貢を目的に派遣してきたと記してある。6世紀になると、百済から五経博士が渡来して儒教が伝わる。日本にも仏教が伝わり、崇仏の是非をめぐる蘇我氏と物部氏の武力闘争が行われた。一方、589年に北周を継承した隋が魏晋南北朝時代を終わらせ、618年に唐が隋に代わって中国大陸を再統一した。日本列島も遣隋使から遣唐使に転換し、朝鮮半島経由の間接受容から中華文化の直接受容への画策が始まった。

こうした古代日中交流の歴史に関して異説はあるものの、いくらかの文献資料によってある程度まで遡ることができる。これは地域間にいかなる状況を表出したのであろうか、そして、その状況はいかなる歴史的事実を反映させているのであろうか。このような疑問は文献資料では解明できないため、考古資料から政治・社会の動向を復元していく必要がある。

一、本研究の目的と分析視角

日本列島で出土する「渡来系遺物」は多種多様である。このことは、古墳時代中期以降、朝鮮半島あるいは中国大陸の各地から、異なる系譜の文化・製作技術が継続的に流入していたことに起因する。これまで日本列島の遺跡・遺構・遺物の諸要素を、朝鮮半島と比較することで、その系譜を明らかにする研究が行われてきた。また、そのような考古学的事象を当時の歴史的背景をもとに、その時間的または空間的な推移を古代史の研究成果と対比する研究も行われている。しかしながら、朝鮮半島以外に、中国大陸からの影響または交流を検討した研究は、それほど大きく進展していない。さらに日本列島の文化研究には、往々にしてその独自の側面を強調したり、朝鮮半島からの文化伝播とその関係性を地理的な位置から検討したりすることが多い。従って日本列島から出土した特殊品の多くは、これまで「地域色」に位置付けることが強調されてきたものであり、その製作の流れや技術の源流は外部にあるのではないかという疑問が生じれば、地理的な位置や文献資料の欠落などから、主として朝鮮半島に遡ると推測されることが多い。

本稿の研究対象である特殊須恵器を説明する前に、まず特殊須恵器が生産された背景と、同じ材質かつ焼成技術を用いて製作された還元焔焼成の硬質土器の由来を理解するために、須恵器そのものの研究史を簡単に振り返る。須恵器は中国大陸の灰陶技術が朝鮮半島を経て古墳時代中期に渡来した陶質土器で、古墳や祭祀遺跡、住居跡などから多数出土している。特に古墳時代後半以降、日本列島で消費が急速に拡大していった主要な日常容器の一つである。それらの多くは当時築造された墳墓に副葬品あるいは供献物の容器として納められた。したがって、須恵器の研究は生産地の窯跡の生産体制と消費地までの流通システム、また古墳・集落など消費地での使用目的など、さらには須恵器の形態・意匠などといった編年研究が多様である。

第1図に示すように、須恵器には様々な器種がある。本来の「器具」としての機能をもつものが一般的で、坏蓋類、杯類、壺類・𤭯類、瓶類・甕類・

鉢類などといった日常用食器、貯蔵器、煮沸器などは日本列島の遺跡から普遍的に出土する。その他、祭祀用の供膳具など特別の用途の器種や器具としての機能をもたない造形品(特殊須恵器と装飾付須恵器)もある。古墳からの出土が多いが、集落や窯跡からの出土もある。副葬品として用いられ、また他の宗教的、儀礼的な祭祀用の器具であった可能性が高い。器種ごとの様々な装飾要素や製作技術の複雑さから、ほかの須恵器と区別され、意匠的な色彩を帯びている(東1985;野末1995)。これらの須恵器は「異形須恵器」(後籐1935)、「特殊須恵器」(柴垣1987)の一種と呼ばれる。

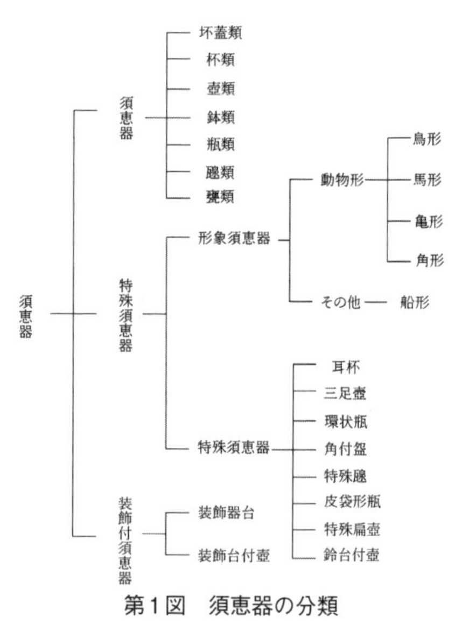

第1図　須恵器の分類

本稿は、以上のような研究背景にたって、長い間に日本列島で地域的な特徴として認識されてきた「特殊須恵器」のうち角杯、皮袋形瓶、環状瓶を取り上げ、これらの遺物の特性をもとに日中古代交流の動態を考古学的に解明することが目的である。研究方法は、日本列島の考古資料を中国大陸の類似資料と比較、対照検討し、考察を経て、東アジアの考古資料の中で日本の出土資料・遺構を理解し、位置付けていくことである。

二、東北アジア文化の受容

東北アジアに位置する遼寧地域は3世紀から7世紀にかけて、多くの民族による活動が頻繁で、公孫氏、慕容鮮卑族、高句麗民族が前後して政権を樹立した。東北アジアとユーラシア草原の交流ルート東端の遼寧地域における歴史変動や文化革新は、朝鮮半島と日本列島にも波及する。古代国家としての百済・新羅は、313年に高句麗が楽浪郡を滅亡させ、強大化した高句麗の南下圧力を受けることで国家統一が進んだとされる。日本のヤマト政権が東アジア外交を盛んにおこなうのもまたこの時期である。朝鮮半島と日本列島の文明の起源と国家の樹立は、遼寧地域を震源とする東アジア古代社会の動態と密接に関連している。

2-1 角杯

第2図に角杯模擬図を示した。動物の角を模倣した飲用具として角杯という名称を与えたが、実際は用途が判明していない。5世紀前半の橿原市南山4号墳の墳頂から出土した角杯は最古として考えられ、墳頂での祭祀に用いられたとみられる（奈良市埋蔵文化財調査センター1988）。

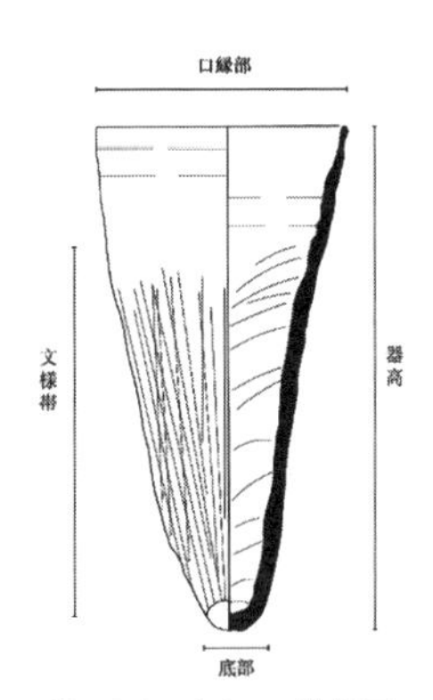

第2図 角杯の模擬図

日本列島における角杯形土器に対して、本格的かつ体系的な検討を行った入江文敏氏は、須恵器質の角杯は基本的にはMT15型式[1]（6世紀前半）に新器種として出現し、分布については西日本と北陸地方に集中する傾向があることを強調しつつ、角杯形土器の移入には「大和政権」が関与したのではなく、在地の勢力が独自の交渉によって新羅から将来したと論じた（入江1988；2011）。門田誠一氏は朝鮮三国時代の角杯について検討し、それらの遺物が新羅とその影響下にある伽耶地域に特徴的に認められることを指摘した（門田2006；2011a）。さらに鳳坪碑や冷水里碑に記されている牛を屠って行う盟約と角杯が同様の意味をもつことを示唆した。また後漢代の洛陽・老城区61号漢墓の壁画に描かれた角杯をもつ人物に対して、漢文化における角杯を用いる習俗の発現と捉えた（門田2011b）。このように日本で角杯を中心とした研究が多くなされており、それらは朝鮮半島との関係や交流について多く言及しているものの、本稿では角杯と東北アジア文化との関係を探るため、ここでは特に詳しく触れない。

井辺八幡古墳は和歌山県和歌山市井辺字八幡山に所在する。1969年に和歌山市の委嘱を受け、同志社大学文学部考古学研究室が墳丘測量調査と造り出し部分を中心とした発掘調査を実施したもので、東西両造り出しを有する三段築成の前方後円墳とされる。出土須恵器から井辺八幡古墳の所属時期はTK10型式古・新段階にまたがる移行期に当たり、6世紀中葉と考えられる（森1972；佐藤ほか2007）。出土資料の中に、円筒埴輪のほかに家、盾、武人、力士、巫女、馬、猪などをかたどった埴輪が多く発見される。特に**第3図**に示した角杯を背負った男子埴輪は注目された。報告書によると、和歌山県和歌山市の出土形象埴輪が北方系文化の影響が見られると指摘した（森ほか1972）。川崎保氏は「井辺八幡古墳の北方系文物が、漠然としたアジア北方という意味ではなく、靺鞨や女真の故地である中国東北部の文化と特に強い結びつきがある」と強調した（川崎2018）。さらに、弁髪、送血涙、鷹を

第3図　角杯を背負った男子埴輪

中心に中国東北部の少数民族の文化や文献の中に類似・関連する資料を見出した（川崎2008）。

井辺八幡古墳から角杯が出土していないが、角杯を背負った男子埴輪をもとに、その遺跡の性格を考えれば、日本列島における角杯の起源は朝鮮半島だけでなく、中国東北部に辿ることもできると考えられる。

2-2　皮袋形瓶

皮袋形瓶の形状は多様である。筆者の集成と観察によれば、Ⅰ類からⅣ類に分類できる。**第4図**の皮袋形瓶の模擬図を示したのはⅡ類・扇形である。そのほか、**第6図**のようにⅠ類・台形、Ⅲ類・紡錘形、Ⅳ類・長筒形といった形がある。皮袋形瓶の特徴は胴部にあたかも皮革を綴り合せたような突帯と竹管文・刺突文を施すものがある。この資料の由来について、鳥居龍蔵が「亜細亜大陸の東北ウラルアルタイ民族間」に求めようとする見解を示した（鳥居1907）。しかし現時点では、朝鮮半島および中国大陸で同系統の出土例はなく、日本列島において近年の調査を含め須恵器だけで100点あまりの出土が報告されている（牛嶋2010）。角杯と皮袋形瓶の共通性を直接的に示す遺跡がなく、間接的にその可能性を示した遺跡がある。**第5図**に示したのは前園実知雄氏の資料である。同氏は「和歌山市の東部に位置する岩橋千塚により出土した皮袋形瓶がある。東西にのびる岩橋山塊の西端尾根上に前方後円墳大日35号墳が位置し、その丘陵の西斜面に小規模な円墳が数基存在するが、およそこれらの一群の古墳の中に副葬された可能性が高い」（前園1970）と説明した。この古墳群は先に述べた「角杯を背負った男子埴輪」の井辺八幡古墳と同じ古墳群に立地していることから、北方系文化の影響が皮袋形瓶に反映されている可能性がある。加えて、和歌山県日高郡日高町の小中古墳群からも皮袋形瓶の出土事例があり、両地域が海域を利用し、外部と文化交流をしていた可能性が高い。

皮袋形瓶の文様形態の創作や意匠的な美意識を作り出す要因が何かを探るために、「縫い目」を表現する技術に注目する。実際にその形態的な特徴から、遊牧民族の皮袋を模して製作され、朝鮮半島を経由する過程で土器に写

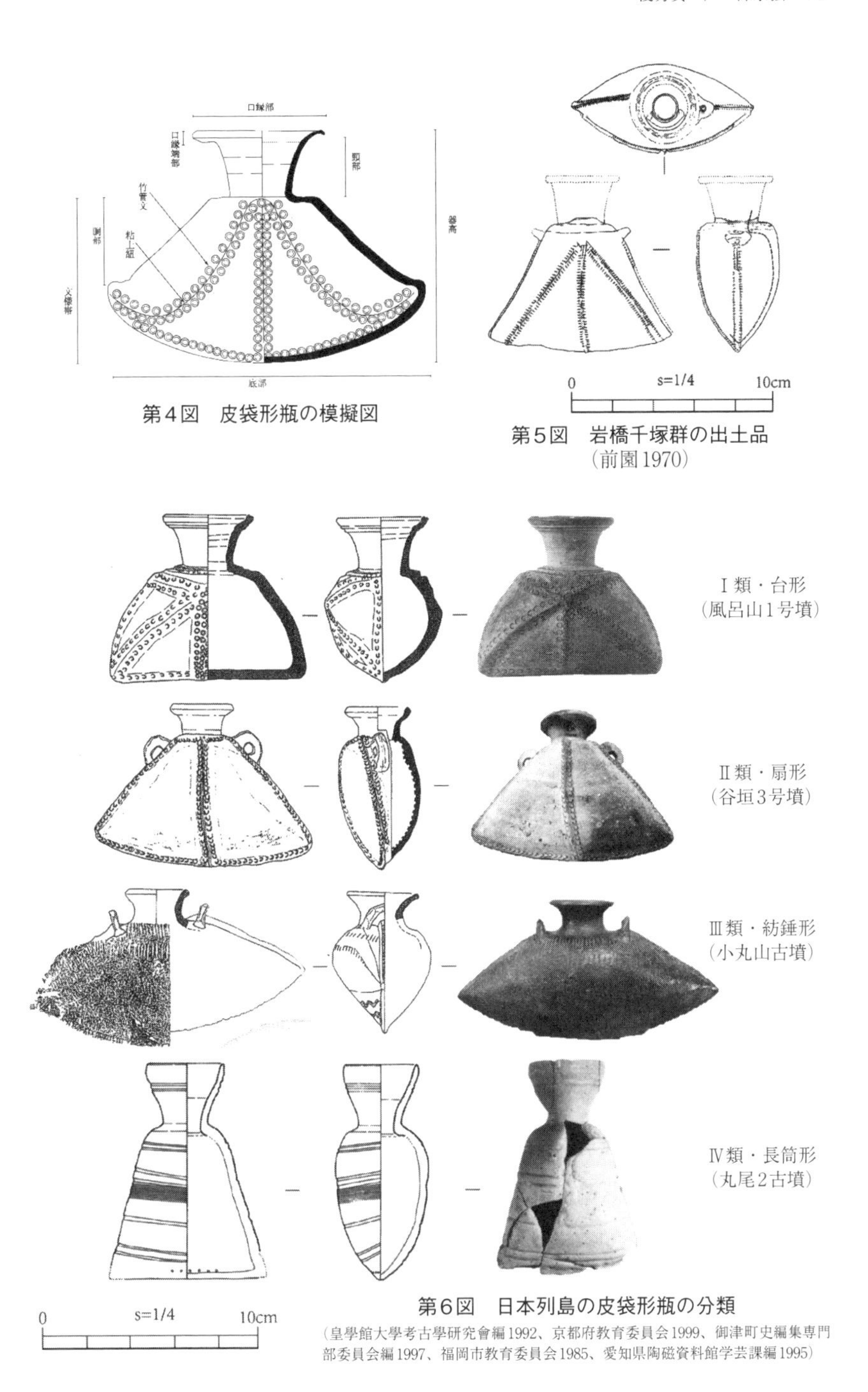

第4図　皮袋形瓶の模擬図

第5図　岩橋千塚群の出土品
(前園1970)

第6図　日本列島の皮袋形瓶の分類
(皇學館大學考古學研究會編1992、京都府教育委員会1999、御津町史編集専門部委員会編1997、福岡市教育委員会1985、愛知県陶磁資料館学芸課編1995)

されたという解釈が多くの研究者によって是認されている。ただ、皮革製品は有機物であるため、その多くは長い年月が経過したことで分解され消失してしまい、古代の皮革製品は残っていない。

『日本書記』に「是歳、日鷹吉士還自高麗、獻工匠須流枳・奴流枳等、今大倭国山邊郡額田邑熟皮高麗、是其後也」という記述が見られる。4世紀頃に百済（朝鮮半島南西部）の工人が渡来し、革を裁断する技術を伝え、その後4世紀末より革工が渡来し、大和国山辺郡額田邑（奈良県大和郡額田部北町・寺町・南町）に住み、革を製造した。**第7図**で示したのは革工人の中心地である大和郡山市の周辺の皮袋形瓶の出土分布である。紀の川流域を通して、革をめぐる製作技術の交流が盛んになった結果、大和国で皮袋形瓶の生産が始まった可能性が高い。

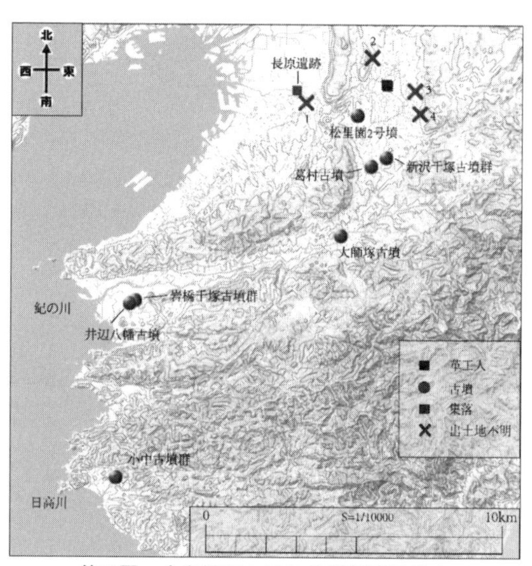

第7図　大和国における皮袋形瓶の分布

2-3　小結

角杯と皮袋形瓶は、渡来人が日本列島で生産したものとする考え方をもつ研究者は少なくない（斎藤1969；小林1971）。中国大陸において両器種と同系統の出土資料がなく、あくまで日本の出土状況を中心に論じている。角杯の場合、これまでの研究成果によると、朝鮮半島との関係性が強いと指摘されているが、井辺八幡古墳の出土埴輪から、中国東北地域の文化要素が見られることが分かった。一方、皮袋形瓶の場合、和歌山市岩橋に立地している岩橋千塚古墳群から皮袋形瓶の出土が認められ、角杯と同様に北方系文化の影響を受け入れた倭人によって製作されたと考えられる。

両器種は渡来人が生産したものではなく、当時の日本列島の倭人が外部の文化を積極的に受け入れ、北方系民族の文化要素を具体化した器種であった可能性が高い。実際に古墳時代後期の日本列島では北方系の文化要素が見られる出土資料が少なくない。門田誠一氏は角杯のほか力士、尖頭靴、鉢巻などについても中国東北部の少数民族の文化や文献の中に類似・関連する資料を見出した（門田2021）。またかつて大きな波紋を呼んだ江上波夫氏の「騎馬民族征服王朝説」（江上1967）以来、多くの論説が積み重ねられてきたが（諫早2012）、その実態を解明するため、今後の発掘調査に期待するところが多い。

三、環状瓶からみた大陸系技術の受容

環状瓶とは、胴部をドーナッツのように環状にして注ぎ口がついた容器で、縦型と横型に分かれる。縦型・横型環状瓶にかかわらず、胴部に脚台が付く例と、付かない例がある。なお、環状瓶の各部名称について**第8図**に示した。環状瓶については、従来の先行研究によって、「環状形土器」、「環状形須恵器」、「台付環状瓶」など様々な名称がある。また、日本は須恵器質、韓半島は軟質土器と陶器、中国大陸は青釉陶器といった資料が出土しており、材質も多様である。日本列島の環状瓶は6世紀末から7世紀初頭にかけての古墳時代終末期に安芸地域における古墳の副葬品として作られ、8世紀に分布圏が各地に拡大していた。縦型・横型環状瓶とも出土例があり、古墳、集落、窯跡の遺跡が見られる一方、その機能に関しては、古墳の被葬者が黄泉の国で使う器として供献された器種と推定されるほか、窯跡・集落遺跡からの出土については官衙的または寺院的な色彩の強い製品として製作されたと考えられてきた。中国大陸では、縦型台付環状瓶の出土に限られるが、その出土地が今の陝西省、河南省、河北省といった中原地域に分布している。本稿では中国大陸の隋唐時代に生産された類似物と日本で出土した環状瓶の比較検討をおこなう。

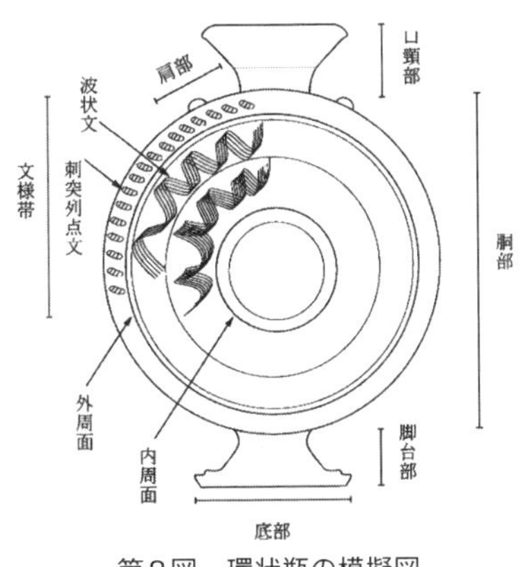

第8図　環状瓶の模擬図

3-1　日本列島

日本列島における環状瓶に対し、本格的かつ体系的な検討を行った名村威彦氏は、分布状況や性格といった環状瓶の基礎的な情報を整理しながら製作

技術に焦点をあて形態の変化とその意義を検討し、古墳時代から奈良時代への転換期には、祭祀文化の連続性が認められると位置付けた（名村2017a）。また同氏は、日本で出土した環状瓶には、6世紀末から8世紀にかけて、長期間の製作過程で文様や形態が変化していることを指摘しており、縦型環状瓶が先行し、横型環状瓶は後出するという前後関係を明らかにした。縦型環状瓶の場合は、文様構成と胴部の断面形が段階的に変化していることから、共伴遺物によって製作時期が推定できる例を並べ、文様構成は「①突線と列点文が施されるものから、②沈線と波状文が施されるものへ変化し、③無文のものが現れる。胴部断面形は①円形・楕円形から②に隅丸方形に変化し、③方形へと変化する」という変遷過程を示唆した（名村2021）。

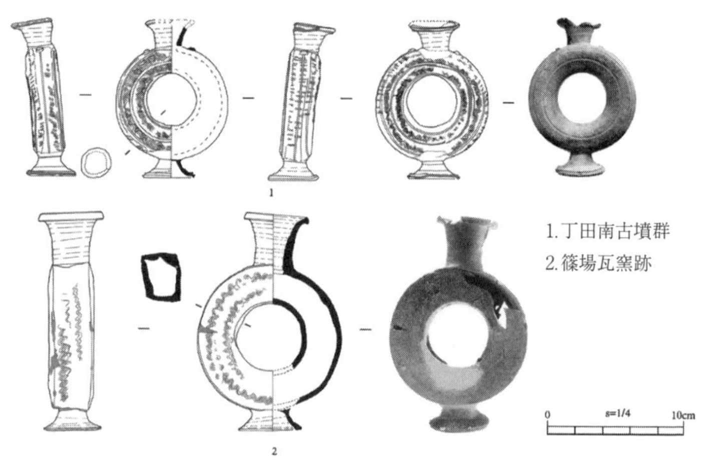

第9図　日本列島の縦型台付環状瓶（名村2017a、静岡県埋蔵文化財センター 2013）

筆者は縦型環状瓶に注目して、丁田南古墳群と篠場瓦窯跡から出土した台付環状瓶の造形や遺跡の性格を含めて考える。まず、丁田南古墳群の環状瓶は昭和30年ごろに広島大学文学研究科考古学研究室が所蔵しており、旧福富町職員の聞き取り調査により、福富町丁田南古墳群を含む山間部からの出土が明らかになった。このため、出土場所は丁田南古墳群またはその周辺に特定された（河瀬1985；福富町史編さん委員会2007）。また名村氏によって、所蔵経緯と製作技術に関する資料調査を行った（名村2017b）。次いで静岡県浜松市浜北区根堅に所在する篠場瓦窯跡から縦型台付環状瓶の出土がみられる。調査報告書によると、この窯跡では3基の瓦窯が発見され、各窯の操業時期は3号窯が7世紀末、2号窯が700年前後、1号窯が8世紀初頭に位置付けられる。環状瓶が出土したのは1号窯であるが、丸瓦と平瓦ともに粗雑なつくりのものも製作されており、異なる系譜の集団が参画している可能性があると指摘された（静岡県埋蔵文化財センター 2013）。では、仮に渡来品としてもたらされた、あるいは文化交流の所産物が中国大陸からもたらされたとして、なぜ広島県安芸地域と静岡県浜松市のあたりに環状瓶がもたらされることになったのだろうか。この二つの地域の歴史的環境や背景について関連づけて考える。

丁田南古墳群が所在する安芸地域は『日本書記』白雉元（650）年是歳の条には、「遣倭漢直縣・白髪部連鐙・難波吉士胡床、於安芸国、使造百済舶二隻」という記述が見られ、山崎信二氏と妹尾周三氏が横見廃寺式軒丸瓦が分布する安芸東端を、『日本書紀』における造船の記述などから倭漢氏と深い関係があるとしている（山崎 1983；妹尾 1994）。妹尾氏によれば『倭名類聚抄』の沼田郡に「船木郷」と記載されており、地理的条件からみて安芸地域の造船事業では沼田郡で木材を切り出し、沼田川を経由して三原湾の港に運んだと考えられる（妹尾 1994）。また山崎氏は「この造船事業に必要な労働力は安芸国沼田郡・高田郡・高宮郡にまたがっており、6世紀末から7世紀前半にかけての三郡の群集墳の多さは、この三郡の潜在的な労働力の蓄積を示すもの」と想定した（山崎 2011）。加えて、安芸東端では環状瓶以外に、鳥形や亀形を模倣した須恵器が分布する。全国的に見ると、これらの器種が一定量出土することは安芸東端地方の特異性を示しているといえる（妹尾 1994）。またこの地域では、瓦笵の移動に伴う「丸瓦被覆法」と呼ばれる特殊な製作技法の瓦が横見廃寺・明官地廃寺などの7世紀半ば頃の寺院から出土した（妹尾 2005、2016；伊藤 1987）。この「丸瓦被覆法」と呼ばれる瓦の製作技法は百済や新羅の瓦において数多く認められ、その源流が朝鮮半島南部に求められることが想定されている（中山 2005）。この瓦の技法は安芸地域の古代寺院に広く

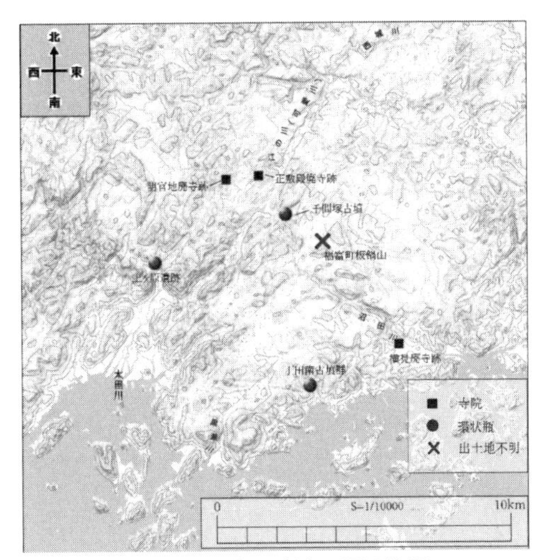

第10図　安芸地域の周辺状況

用いられており、畿内を経由せずに安芸地域に流入した渡来系工人がいた可能性を示した（妹尾2005；大脇2007）。名村氏は、この集団が三原湾の港から直接的に安芸地域に進出し、造船や寺院建立などの大規模な事業に携わっていた渡来技術者集団であったとし、さらに環状瓶が安芸東端域で創出されるのは、こうした渡来技術者の流入とその活動が背景にあった可能性が高いと位置付けた（名村2017a）。

続いて、静岡県の遺跡状況をみると、篠場瓦窯跡は遠江国麁玉郡にある。和名類従抄によれば、麁玉郡は「赤狭」・「碧田」・「三宅」・「覇多」の４郷で構成されていた。「赤狭」「碧田」は地理・地形に由来する町名で、「三宅」は屯倉、「覇多」は渡来系氏族の存在を想起させる町名である（静岡県埋蔵文化財センター2013）。この地域の歴史を遡ると、渡来人の墳墓とみられる二本ヶ谷積石塚群など、多様性に富んだ遺跡に恵まれていることから（鈴木2013）、技術や人材を導入する人脈と、外来文化を受容する基盤が整っていたといえる。さらに、奈良時代の遠江国にはいくつかの郡ができ、浜松市中西部付近には「敷智郡」の役所が置かれた。7世紀後半～9世紀前半の敷知郡衙跡である伊場遺跡群は、伊場大溝と呼ばれる幅20m、深さ2mほどの川が遺跡群を貫き、大溝に沿って郡家と関連施設が築かれている。大溝を中心に木簡や墨書土器などの文字資料が多数に発見された。出土した木簡に「濱津郷（浜津郷）」と書かれたものがあり、古代では「はまつ」と呼ばれており、港や渡し場を意味する「津」が由来であったと考えられる（鈴木2018）。**第10図**に示したように、天竜川を利用して、篠場瓦窯跡という生産地から、消費地である伊場遺跡群への直接的な流入が想定できる。

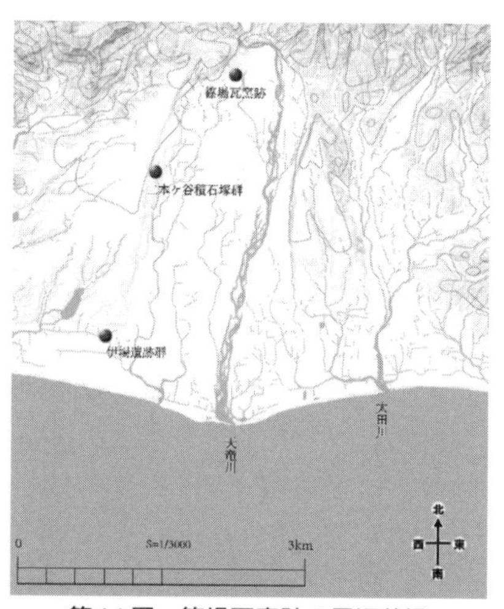

第11図　篠場瓦窯跡の周辺状況

3-2　中国大陸

これまで中国で環状瓶[2]の出土報告はわずか3例しかないため、今後に期待するところが多い。出土したのは河南省博物館に所蔵する環状瓶１点[3]、河北省海塩博物館に所蔵する環状瓶1点[4]と、西安市東郊外張綝夫婦合葬墓からの1点である。博物館の所蔵品は詳細な経緯が不明であり、本稿は西安市東郊外張綝夫婦合葬墓の出土品を中心に検討する。

西安市東郊外の崑崙社区16町建設現場で、隋代の夫婦合葬墓が発見された。長い斜面の墓道に3つの天井がついた単室の土洞墓で、水平全長34.68m、墓室平面は方形を呈し、南北長さ3.36m、東西幅3.21 ～ 3.52m、壁の平均の高さは1.9mである。天井部は破壊されているが、穹窿式石室で高さ3.3m、深さ8mと推定されている。出土遺物は陶俑製品が多様で、人物以外に動物の姿も見られ、その他には陶器、磁器、銅器、鉄器が出土した。また遺体について男性は玉佩と佩剣を身につけ、女性は儀礼的な冠をしている。埋葬規格や墓の構築、副葬品の階層から隋代の高官や身分の高い貴族のものであると推定されている。さらに西安長安隋・張綝夫婦合葬墓の墓誌から張綝は隋の開皇9年（589年）に高陽原に葬られ、夫人の薛世蘭が隋の大業三年（607年）に夫婦合葬されたことが分かる。出土した陶俑製品も2期に分けることができ、2回の副葬が陶俑製品の型式変化を反映しており、墓誌内容の史実性を裏付ける（西安市文物保護考古研究院2018)。この隋墓から釉薬付環状瓶が出土しており、環状瓶の本体は円形で構成されている。左側は欠くが、右側に龍形の柄が付き、龍首は口縁部に噛みながら水を汲むような形態を示している。底部に長方形の脚台が付き、胴部の辺縁部に突出の円形文（竹管文）が連続し、その内心部にも同様な文様を施している。全面に青釉を施し、焼成は堅緻良好で、胴部の正面に8つ童子のような楽伎が彫刻されている（葛承雍2020)。

第12図 中国大陸の環状瓶 （2は葛承雍2020、1と3は所蔵博物館のホームページから）

ここで三例の出土品の前後関係を見る。河南省新郷県出土品と張綝夫婦合葬墓の環状瓶とも龍首柄形が付けられ、隋代のものとされるが、その形態の相違により時期差があることが分かる。河南省新郷県の環状瓶の注口は鶏首の形状である。鶏首形状の器種は中国で一般的に「鶏首壺」と呼ばれ、三国時代末期から両晋時期まで生産しており、隋代から著しく数が少なくなり、初唐以降は完全に姿を消した。一方、初唐から盛唐にかけて双龍柄壺という器種が流行しており、鶏首の注口が龍首柄に代わられ、双龍首柄のような対称的な装飾になっていることが多くの研究者に指摘されている（趙徳雲2007；許哲2013）。張綝夫婦合葬墓の墓誌が残されており、隋大業三年（607年）という年代が分かる。出土した環状瓶の左側柄が破損し、全体像が判明していないが、その断面形がソリッドで、胴部とのつながりがないため、装飾的であったものであり、またその柄の残存部が内側に湾曲しており、反対側の龍首柄と左右対称であることから、同一形態の可能性が高いと考えられる。河南省新郷県の環状瓶にみられる胴部前面の二つの環状把手が張綝夫婦合葬墓のものにはないことも考えると、河南省新郷県→張綝夫婦合葬墓という前後関係が想定できる。黄驊市東仙庄遺跡の環状瓶は唐代とされるが、その胴部に装飾がなく、焼成や釉薬から意匠的な退化が見られる。

第13図　鶏首壺から龍首柄壺への変遷過程 (閻晶宇2017)

亀井明徳氏が隋唐時代における「竜耳瓶」の形式と年代を考察し、生産の背景と各段階の形態変化を検討することで、4種類の様式を区分し、実年代を与えた（亀井1999）。双龍柄器種が初唐から盛唐[5]（7世紀から8世紀前半）にかけて数十年、生産を続けており、黄驊市東仙庄遺跡の環状瓶では龍首柄の消失が認められることから、中唐のものと考えられるが、同時代に生産された可能性もある。

3-3　小結

以上のことから、日本列島の縦型台付環状瓶の伝播経路を考える。まず環状瓶をめぐる生産技術は日本国内で生まれたものではなく、外部からの影響をもとに作り始めた器種である。中国では縦型環状瓶が出土しており、加えて、唐代のものとされている縦型環状瓶の造形が日本列島で発見された環状瓶と共通している。これらの共通点から、やはり何らかの形で、中国大陸との直接的な交流があったと推測できる。また当時の日本の地域首長層が単独で対中交流をしたとは想定しがたい。従って、当時の代表的な国家事業の一つである遣隋使と遣唐使がもたらした可能性が高い。

四、結論と今後の課題

本稿では、特殊須恵器の角杯、皮袋形瓶、環状瓶という三つの器種を取り上げ、これらの遺物と中国大陸との関係性を検討した。その結果、これまで日本列島の「地域色」として考えられてきた器種に、中国東北部の文化と中国中原文化といった二つの大陸文化系の文化要素が見いだされた。古墳時代後期から奈良時代にかけて、日本列島が海に囲まれてはいるものの、その住民は絶えず大陸と交流していることが分かった。

当時の情勢の中で、倭国は東北アジアに起源をもつハイブリッド志向の集団とも積極的に連携し、その文化や価値観を受け入れた。こうした背景があったため、北方系民族の文化要素が角杯と皮袋形瓶の造形に反映された。一方、隋唐の中国統一を経て、7世紀から8世紀には東アジア情勢が落ち着き、日本でも中国中原王朝を範とする律令制国家建設が志向された。遣隋使と遣唐使によって、環状瓶という中国中原地域の製作技術が日本列島へもたらされた。特殊須恵器は、文献には見られない中国大陸との交流の一様相を示唆しており、古墳時代から奈良時代にかけての日本列島の倭人社会の国際的性格を示すものと考えたい。

古代日中交流から現代日中交流への提言

本稿の作成にあたるきっかけは、最近日本各地で開催された「日中国交正常化50周年記念　兵馬俑と古代中国～秦漢文明の遺産～」という日中連携の国際展覧会である。「兵馬俑」や「秦漢文明」といった文字自体が、古代中国文明の東アジアへの影響を感じさせ、展示されている中国から来た多くの「国宝」も、その文化を強く具体化、実写化しており、古代中国の文化の魅力をよく表している。この国際展覧会に衝撃をうけて、自分の研究領域の中で古代日中交流の可能性を探るようなことができないかと考えた。本稿の研究対象は、主に日本で出土した考古資料を分析し、当時の国際的な背景と関連づけて、古代日中間の文化交流を導き出すものである。結果的に言えば、多少は所期の目的を達成したと考えている。

筆者は日本で考古学を学んでおり、韓国、中国東北部をフィールド調査して、これまで3世紀から7世紀にかけての日中韓古代交渉（朝鮮三国時代）の研究をしてきた。このような方向は、中国考古学の立場からすれば、文明の中心である中国中原地域とは遠く離れているため、研究の焦点として考え難いところもある。しかしながら、「文化」の立場から考えると、「中心地」という考え方が存在しており、受容地が受け取った文化が完全かつ初期のものであるとは限らない。その過程で、自らのニーズに合わせて、地域の特色を取り入れて、ある程度の「修正」を加えたと考えられる。従って、日本から出土したものも、中国から出土したものも、その背後にはそれぞれの歴史観と見方がある。それをよく理解してこそ、真実の歴史を解明できると信じている。

日本考古学や古代史の分野では、稲作・青銅器・鉄器・都城など大陸の先進的な技術や諸思想が日本列島の歴史に大きな影響を与えただけあって、中世史や近世史に比べて交流が活発であった。古代という時代を共有するだけでなく、構造的な連関も認められる。日中の考古学者が共同で漢代長安城を発掘したり、漢代皇帝陵の測量調査をしたり、唐長安城大明宮の復元事業を進めたり（大明宮含元殿遺跡保存環境整備計画、日本の文化遺産無償支援）、また敦煌莫高窟壁画の保存修復（東京国立文化財研究所と敦煌博物院との日中共同研究「敦煌莫高窟壁画の保存修復」）など、日中共同研究の事例は多い（北岡・歩平2014）。しかしながら近年、日本で古代東アジア史を学ぶ中国出身の研究者は少なくなっている。言語によって研究の手法などがある程度異なることと、英米で博士号を取ろうとしている若者の増加などにより、古代東アジア史で日中研究者の姿が消えつつあり、学術的な連携や交流が著しく停滞している。筆者はその中の一員として、いつか密接な関係に戻ることを期待して、自らも今後の研究に貢献していきたい。

図版出典

下記の引用・参考文献内に掲げた。出典が記されていない図は筆者による。

引用・参考文献

（日本語）
鳥居龍蔵「保止支に就いて」、『史学雑誌』18-1、1907年

後藤守一「須恵器」、『陶器講座1』雄山閣、1935年
田辺昭三『陶邑窯跡群Ⅰ』平安学園考古学クラブ、1966年
田辺昭三『須恵器大成』角川書店、1981年
斎藤忠「我が国における帰化人文化の痕跡」『日本歴史』251・252、1969年
小林勝美「板野町出土皮袋形提瓶の一考察」小林勝美先生還暦記念論集刊行会、1917年
東潮「古代朝鮮の祭祀遺物に関する一考察―異形土器をめぐって―」、『国立歴史民俗博物館研究報告』7、1985年
柴垣勇夫「特殊須恵器の器種と分布」、『愛知県陶磁資料館研究紀要』6、11～26頁、愛知県陶磁資料館、1987年
野末浩之「特殊須恵器の器種と特徴」、『古代の造形美・装飾須恵器展』73～77頁、愛知県陶磁資料館、1995年
入江文敏「角杯形土器小考」、『考古學論集：網干善教先生華甲記念考古学論集』網干善教先生華甲記念会、531～553頁、1988年
入江文敏『若狭・越古墳時代の研究』学生社、2011年
門田誠一「角杯と牛殺しの盟約―新羅の祭天習俗とその周辺―」、『古代東アジア地域相の考古学的研究』学生社、2006年
門田誠一「東アジアにおける殺牛祭祀の系譜―新羅と日本古代の事例の位置づけ―」、『佛教大学歴史学部論集創刊号』1、2011年a
門田誠一『高句麗壁画古墳と東アジア』思文閣出版、2011年b
門田誠一『魏志倭人伝と東アジア考古学』吉川弘文館、2021年
牛嶋英俊「革袋形土器研究小史―附・革袋形土器集成―」、『同志社大学考古学研究会50周年記念論集』同志社大学考古学研究会、2010年
佐藤純一・清水邦彦・関真一・辻川哲朗・松田度「井辺八幡山古墳の再検討：造り出し埴輪群の配置復原を中心に」、『同志社大学歴史資料館館報』、同志社大学歴史資料館、13～34頁、2007年
江上波夫『騎馬民族国家　日本古代史へのアプローチ』中央公論社、1967年
中久保辰夫『日本古代国家の形成過程と対外交流』大阪大学出版会、2017年
諫早直人『東北アジアにおける騎馬文化の考古学的研究』雄山閣、2012年
藤野一之『古墳時代の須恵器と地域社会』六一書房、2019年
前園実知雄「岩橋千塚出土の皮袋形提瓶」、『古代学研究』第57号、1970年
川崎保「井辺八幡山古墳の埴輪にみられる東北アジア文化の影響について--辮髪・送血涙・鷹を中心に」『古代学研究』(180)、古代学研究会、306～318頁、2008年
川崎保『日本と古代東北アジアの文化―地域社会における受容と変容』雄山閣、2018年
名村威彦「環状瓶の製作技術とその系譜」、『広島大学大学院文学研究科考古学研究室紀要』、25～42頁、2017年a
名村威彦・野島永・津牧伸吉「広島大学考古学研究室所蔵遺物の紹介―環状瓶と鳥型瓶―」、『広島大学大学院文学研究科考古学研究室紀要』9、113～122頁、2017年b
名村威彦「ドーナッツ形の土器―市毛本郷坪出土の環状瓶―」、『ひたちなか市埋文だより』54、ひたちなか市埋蔵文化財センター、2021年
山崎信二「後期古墳と飛鳥白鳳寺院」、『奈良国立文化財研究所創立30周年記念論文集 文化財論叢』、同朋舎、179～216頁、1983年
山崎信二「日本における瓦生産の拡散―7世紀中葉から7世紀後半代―」、『古代造瓦史―東アジアと日本―』、雄山閣、153～194頁、2011年
妹尾周三「横見廃寺式軒丸瓦の検討―いわゆる「火焔文」軒丸瓦の分布とその背景―」、『古代』97号、早稲田大学考古学会、280～308頁、1994年
妹尾周三「安芸の山田寺式軒瓦」、『古代瓦研究Ⅱ―山田寺式軒瓦の成立と展開―』、奈良文化財研究所、80～91頁、2005年
妹尾周三「西瀬戸内に伝わった山田寺式軒丸瓦」、『考古学研究』第63号第2巻、28～32頁、2016年
鈴木一有「東海地方の様相―二本ヶ谷積石塚群の実相と被葬者像―」日本考古学協会、2013年
鈴木敏則『古代地方木簡のパイオニア―伊場遺跡―』新泉社、2018年

奈良市埋蔵文化財調査センター『平城京展図録6：古代の大和』奈良市教育委員会、1988年
森浩一『井辺八幡山古墳』和歌山市教育委員会、1972年
浜松市生活文化部生涯学習課（文化財担当）『伊場遺跡総括編』伊場遺跡発掘調査報告書12、2008年
北岡伸一・歩平編『「日中歴史共同研究」報告書第1巻古代・中近世史篇』、2014年
伊藤実『明官地廃寺跡―第一次発掘調査概要―』広島県埋蔵文化財センター、1987年
中山圭「鞠智城出土の軒丸瓦―朝鮮式山城古瓦の一様相―」、『九州考古学』第80号、九州考古学会、45～67頁、2005年
大脇潔「一瓦一会 瓦当側面接合技法―SR技法―の軒丸瓦について」、『三宅雄一氏・東鳥取小学校・東鳥取公民館寄贈瓦報告書』阪南市教育委員会、43～66頁、2007年
静岡県埋蔵文化財センター『静岡県埋蔵文化財センター調査報告27：篠場瓦窯跡・上海土遺跡浜松市－4』、2013年
愛知県陶磁資料館学芸課編『装飾須恵器展：古代の造形美：秋季特別企画展』、1995年
福岡市教育委員会『福岡市埋蔵文化財調査報告書114：席田遺跡群（V）丸尾古墳』、1985年
御津町史編集専門部委員会編「Ⅱ 考古学からみた御津町の原始・古代」、『御津町史』3、196～201頁、1997年
京都府教育委員会「谷垣3号墳」、『埋蔵文化財発掘調査概報　1999』、48～62頁、1999年
皇學館大學考古學研究會編「風呂山1号墳」、『伊勢市とその周辺の古墳文化』、49～50頁、1992年

（中国語）
葛承雍「環形壺：従地中海到大興城―西安隋墓出土環形壺（Askos）芸術研究」、『文物』、2020年
西安市文物保護考古研究院「西安長安隋張綝夫婦合葬墓発掘簡報」『文物』、2018年
趙徳雲「従鶏頭壺到龍柄壺的発展―兼析外来文化因素在這一過程中的作用―」『考古与文物』159、95～102頁、2007年
許哲「魏晋南北朝及隋時期鶏首壺研究」吉林大学、2013年
閭晶宇「唐代白釉双龍柄壺芻議」、『杭州文博』2、2017年

1　須恵器は古墳時代の遺構・遺物の年代を決定する上で重要な「共通言語」として用いられる。こうした須恵器型式と歴年代の対比を以下にまとめる。TG232型式～TK215型式は古墳時代中期前半（4世紀末頃～5世紀前半）、TK208型式～TK47型式は古墳時代中期後半（5世紀後半）、MT15型式・TK10（古）は古墳時代後期前半（5世紀末～6世紀前半）、TK10型式（新）～TK209型式は古墳時代後期後半（6世紀後半～7世紀初頭）、TK217型式以降の7世紀は古墳時代終末期となる。

2　中国では環状瓶は「圏帯壺」あるいは「環形壺」と呼ばれているが、出土報告の制限によって特に統一していない。本稿で3点の資料を提示しているが、実際に学術論文・報告として公開されたのは葛承雍氏の論作のみで、西安長安隋・張綝夫婦合葬墓の出土品に限られる。残りの2点は河北省海塩博物館と河南省博物館に所蔵されている。両遺物はそれぞれの公式サイトで情報を入手することができ、学術的な信頼性が高いと考えられる。

3　青釉环形鸡首瓷壶（chnmus.net）

4　唐圈带壶-河北海盐博物馆（hbhybwg.com）

5　中国では、唐の三百年間の詩の歴史は、初・盛・中・晩の四期に区分することが一般的である。唐成立（618年）から太宗の貞観の治を中心に、高宗・則天武后の時代の約100年（ほぼ7世紀）のが初唐である。本稿で「盛唐」の時期が玄宗の先天元年（712）から代宗の永泰元年（765）まで50年間を指す。その後、安史の乱終了後（766年）から敬宗の宝暦2年（826年）まで約60年間（8世紀後半～9世紀初頭）に中唐にあたる。最後の文宗の太和元年（827年）から唐の滅亡（907年）まで約80年間（ほぼ9世紀）が晩唐となる。

優秀賞

中国人の心を奪った村上春樹作品の翻訳戦略

～林少華の翻訳目的と彼の「塩味」に関する考察～

東北大学大学院
国際文化研究科博士2年
王霄漢

はじめに――中国人は林少華訳になぜ「ハマった」のか

講談社の週刊誌『現代ビジネス』HPに「かいしさんの日々」という連載がある。執筆者のかいしさんは日本育ちの中国人で、現在は北京で生活している。そのため日中双方の青年層を等身大の姿で紹介しているほか、中国人の様々な価値観をごく自然な日本語で、時にはイラストを交えて紹介している。そして2021年6月に、中国における村上春樹ブームに関するエッセイが掲載された。

出所：講談社『現代ビジネス』HP「かいしさんの日々」（2021年6月13日）より引用

そのエッセイには「中国読者にピッタリハマった、林少華の訳」という一節[1]がある。そこでは村上春樹作品を翻訳した頼明珠・施小煒・林少華を比べ、三人の中で誰の訳が一番読者の心に刺さったか、という話題を取り上げている。そこには、

> 「林少華の訳があったからこそ、村上春樹は中国でこんなに読まれた」と言っても過言ではないほど、「中国で村上春樹と言えば林少華の訳」が連想されるのですが、訳者の林少華は台湾版の訳者・頼明珠や、もう一人の簡体字訳者・施小煒とも比べられ、「一体誰が原文の村上作品を再現できているのか」と、幾度もネット上で討論されています。村上さんの日本語の原文は、「簡潔で明快」な印象が強く、言語的な角度から見ると、頼

明珠や施小煒らの、原文に忠実で正確な訳し方が一番近いのかもしれません。一方、林少華の訳は装飾性が強く、中国語の四字熟語などを多用し、とても美しく文学的な文体で知られています。　（傍線部筆者、以下同）

とある。引用文、中でも傍線部を念入りに読むと、我々は奇妙な点に気がつく。

ここでは三人の翻訳者の中で、語学的に忠実で原文を正確に翻訳しているのは、頼明珠と施小煒の二人であり、林少華の名前がないのだ。しかし、中国人読者に最も人気を得たのは頼明珠ではなく、施小煒でもなく、林少華訳であるというのだ。

そしてかいしさんは、引用箇所に続いて「林少華訳の村上作品は、「エモさ」が満開で、エモさを食糧にして生きている「文藝青年」たちにとっては、ドンピシャにハマった（傍点筆者）」と述べた上で、「林少華の訳は中国の村上ブームの原因の一つだと言っても、過言ではないのです」と結んでいる。

原文に忠実な翻訳よりも、むしろ原文に忠実でない翻訳が中国で人気を得ている。この現象を目の当たりにして、我々は何か不自然さや矛盾を感じざるをえない。しかもその忠実と言えない翻訳の人気は、中国全土で一種の社会現象にまでなったのである。果たしてその原因は何にあったのであろうか。

一、中国語圏における『ノルウェイの森』の翻訳

1-1　中国語圏における村上作品の受容

小説家、翻訳家として知られる村上春樹（以下「村上」）は、1979年に『風の歌を聴け』でデビューした。それ以来これまでに『羊をめぐる冒険』『ねじまき鳥クロニクル』『海辺のカフカ』『1Q84』など多くの作品を発表している。彼の名が世界で広く知れ渡るきっかけとなったのは1987年発表の『ノルウェイの森』（以下『森』と省略）であろう。

例えば王海藍（2012）は、中国の大学生約3000人に対してアンケート調査を実施した。その結果、村上の作品を読んだことがある1475人の中で、約90％の人が『森』を読んだ作品として挙げている[2]。これは2位の『海辺のカフカ』の3倍である。また、「最も印象に残っている作品はどれか」という質問について、1475人のうち、1076人が『森』を選んだ。これも2位の『海辺のカフカ』の約9.7倍である[3]。以上の根拠から、王海藍は中国における「村上春樹熱（ブーム）」は事実上、「『ノルウェイの森』熱（ブーム）」[4]であ

ると結論づけている。[5]

本作品は世界各国で様々な言語に翻訳出版されているが、殊に中国語はいち早く翻訳が行われた言語の一つであり、1989年に最初の中国訳が登場すると、香港・台湾・中国において異なる翻訳者によって12種類にも及ぶ訳本が刊行された。[6] これら12種類の訳本の中で一般的に知られているのは、林少華と頼明珠の翻訳であることは言を俟たないだろう。

林少華訳は当初漓江出版社から刊行された（右掲）。その後彼は上海訳文出版社から30点以上の村上作品の翻訳を出版してきた。また台湾や香港では頼明珠訳が多くの読者に読まれている。しかし同じ原文を元に翻訳を行い、かつ両者の訳は多くの愛読者を獲得しているにもかかわらず、林少華の翻訳（以下「林訳」）と頼明珠の翻訳（以下「頼訳」）は、その訳文が大きく異なっているのである。

中国語版『ノルウェイの森』

1-2 林少華訳と頼明珠訳の差違に関する先行研究

両者の訳の差違については、藤井省三による言及が挙げられる。藤井は『村上春樹のなかの中国』（2007）の中で、林訳と頼訳の特色を紹介している。それによると、林訳では文語多用による村上文体の「美化」が行われており、日本人と中国人の審美的距離を縮めるために行ったものであり、文芸書翻訳に際しては必要なことであるという。また頼訳は村上原文を忠実に伝えることを最も重視しており、村上の「淡々と軽い描写」を「お化粧せず」に中国語に訳すことが、頼明珠の基本的姿勢であるとしている。[7]

また永田小絵・平塚ゆかり（2009）によると、中国における翻訳理論の関係文献には、外国語から中国語への文学翻訳において、訳文が原文を越えた美文になることを肯定的にとらえた論述が見られること。そして林氏の文体はこのような翻訳美学論を忠実に体現するものになっていると指摘した上で「林氏の翻訳の目的は村上作品における村上テイストをそのまま読者に伝達することではなく、「同化」翻訳の手法を用いて、原文を中国の伝統的な文体に再構築し、風格のある中国語文学に変化させる事が目的と考えていることがわかる。」[8] としているのである。

1-3 林少華訳に関する先行研究とその問題点

これら村上作品の中国語訳をめぐる研究の多くは、この林訳をどのようにとらえるか、という問題に取り組んでいるが、研究の結論は大きく二つに分かれる。それは林訳に対する否定的な意見と、肯定的に受け止める意見である。

例えば孫軍悦（2004）[9]は、林少華訳に関する問題の背後にあるのは、中国語の美文であり、読者が現実の日本の認識を阻むと指摘する。また園山延枝（2005）[10]は、林少華訳にある誤訳の存在も指摘している。

その一方、林訳に対して肯定的な論調も少なくない。例えば楊炳菁（2009）[11]は、翻訳者の翻訳観は翻訳テキストを決定し得るとし、優秀な文学翻訳者は優秀な文学研究者であるべきと、翻訳者の重要性を肯定的に論じている。そして高路（2010）[12]は、外国文学作品が本国の読者に受け入れられるには、作品の「テーマ」と「文学的特徴」が本国の受け入れ態勢の文芸環境と合致するほかに、「翻訳者の主体性」の発揮も考慮に入れるべきであると述べている。

このように先行研究の多くは、林少華訳と頼明珠訳の忠実性を論じているものの、両者の翻訳は何を目的とし、その目的を達成するために、それぞれの翻訳者たちが何に軸足を置いて翻訳を行ったのか。この疑問に答えた検討は、ほとんどなかったのである。

二、林少華訳と頼明珠訳の翻訳観

2-1　二律背反する二つの「大切さ」

周知の事実ではあるが、古来、翻訳の際には「いかに翻訳すべきか」という課題が常に付きまとってきた。その中で、長い年月を経て洗い出されてきた問題がある。

それが「原作の魅力をありのまま伝える大切さ」と「読者に解りやすく伝える大切さ」という問題であり、この問題を突き詰めると、双方は二律背反的な性格を持つことが解っている。

例えば文学作品の翻訳では、作品の魅力を伝えるためには、文学作品の魅力を余すことなく、ありのままに翻訳することが必要であり、作品の持つ独自の描写や表現などを細大漏らさず、翻訳することが大切となろう。それが「原作の魅力をありのまま伝える大切さ」である。

その一方でもう一つ、異なる考えもある。海外の文学作品の魅力を伝えるためには、原作となった国の文化や習慣、そして社会背景なども理解しそれを加味して翻訳に反映させることが大切となる。それが「読者に解りやすく伝える大切さ」である。

原作の魅力をありのままに伝えること、そして読者に解りやすく伝えることは、どちらも妥当な考えであることは間違いない。しかし双方のベクトルの方向は異なる。両者それぞれを追究すればするほど、翻訳の方向性にズレが生じることとなり、その結果翻訳文に矛盾を発生させることとなる。そのため、翻訳の場合には、双方のどちらかに比重を置く必要が現実的な問題として浮かび上がってくるのである。

その上で、林少華はどのような観点から翻訳を手掛けたのであろうか。ここでは林少華における翻訳の特徴を探るべく、頼明珠も比較対象に加え、翻訳者たる林少華の翻訳観について検討することとしたい。

2-2 頼明珠の翻訳観

まず比較対象である頼明珠の事例を先に紹介したい。頼明珠は1947年台湾苗栗生まれの女性翻訳家で、村上の繁体字翻訳の翻訳者として名を知られている。1969年に国立中興大学を卒業後、1975年から1978年にかけて日本へ留学し、千葉大学園芸学部農業経済研究室に在籍。そして台湾に帰国後、日本の雑誌で見つけた村上作品に注目し、中国語に翻訳した人物である。では彼女はどのような経緯で『森』の翻訳を行ったのであろうか。これについては、藤井（2007）がその経緯を詳しく述べている。それには、

> 頼明珠が最初に村上に注目したのは、一九八二年に台北の広告会社に勤務していた時である。仕事の参考用に読んでいた日本の女性雑誌がしばしば書評で村上春樹を取り上げていたからだ。……『カンガルー』『ピンボール』『風』を読むうちに、頼明珠はこれまでの台湾や日本の文学には見られなかった異質性に惹かれていった。……村上を読むうちに、初めて自分の気持ちを書いてくれる作家に出会えた、と思ったという。そこで彼女は……村上短編小説三作の翻訳を知人が編集していた『新書月刊』に持ち込み、同誌1985年8月号の「村上春樹的世界、頼明珠選訳」小特集を実現させるのである。[13]

ここで注目すべきは、村上の存在に注目したのは本人であり、台湾や日本の文学作品にはない「異質性」に惹かれた頼は、村上作品の魅力を台湾の人々に紹介したいと考え、翻訳を彼女自身が決断した点である。

このように村上作品の翻訳の目的は、台湾の人々へ「村上作品を紹介す

る」ことにある。そのため、彼の作品の独自性という魅力を伝えるために彼女が考え出した最善の方法が、村上作品の原文を忠実に、一字一句そのまま中国語に変換するという翻訳姿勢である。それが頼明珠の一貫した村上作品の翻訳観である。

このような経緯で翻訳された頼訳は、当然日本語の原文の特徴が残っている。それが頼訳の特徴とも言えるが、中国語を母語とする読者にとっては、日本語独特の文章構造をそのまま中国語に置き換えたという訳文に違和感を覚え、自然な中国語とは言いにくい箇所も散見され、時にはその内容が理解しにくいところも存在する。それが一部の読者には不満を抱く原因となっていたのである。

一例として『森』の冒頭にある、主人公である僕の説明箇所を引用する。

〔事例1〕

原文：**僕は**何ごとによらず文章にして書いてみないことには物事をうまく理解できないというタイプの**人間なのだ**。(10頁)

頼訳：**我是**無論如何不試著寫成文章便無法清楚理解事情的**那種人**。(11頁)

原文によると、主語が「私は」で述語は「人間なのだ」であり、私がどのようなタイプの人間なのかを長々と説明している箇所である。頼訳は「我是……的那種人」と原文のままに翻訳しているが、中国語としてはあまりに修飾語が長い印象を受けるのである[14]。それでは、それに対して林少華の翻訳はどうであろうか。

2-3　林少華の翻訳観

林少華による翻訳については、陳佩珍がその経緯を詳しく述べている。彼は上海市の日刊紙『文匯報(ぶんわいほう)』2017年2月17日付けの紙面に「林少華：世上最好的両件事、種樹和教書（世の中で最も良い二つのこと：木を植えること、そして勉強を教えること）」と題して以下の記事が掲載されている。それには、

1988年10月、中国日本文学研究会的年会在広州召開、在這次会上、①林少華遇到了日本文学研究会的副会長、中国社科院外文所日本文学専家李徳純先生、李徳純打開了林少華翻訳的大門。年会結束後、李徳純把林少華拉到与会的漓江出版社年軽編輯汪正球跟前、②説村上春樹《挪威的森

林》的文筆如何美妙、"小林"的文筆又如何美妙、翻訳出版後的市場前景更是如何美妙。林少華説："③遺憾的是、我当時的経済状況一点也不美妙。于是我就懐着這種未必見得多麼高尚的心情開始翻訳《挪威的森林》。"

〔拙訳〕

1988年10月、中国日本文学研究会の年次大会は広州で開催された。①この大会で、林少華は当時日本文学研究会の副会長であり、中国社科院外国文学研究所の日本文学専門家である李徳純に会った。李徳純は、林少華翻訳の扉を開くこととなる。大会が終わったころに、李徳純は林少華を漓江出版社の若い編集者汪正球の隣に連れてきて、②「村上春樹の『ノルウェイの森』がいかに素晴らしいか、林少華の文章もまたいかに素晴らしいか、この本が翻訳、出版されたら市場未来図がいかに素晴らしいか」を語ったという。そして林少華はこの件について「③遺憾にも、当時の私の経済状況はちっとも美しくはなかった。こういった高尚とは到底いえない心持で『ノルウェイの森』の翻訳に臨んだのだ。」

とある。このように林少華の『森』の翻訳に至る経緯は、頼明珠のそれと大きく異なる。この記事で重要な点は3つある。それは傍線部①にある通り、『森』の翻訳は当時中国社科院外国文学研究所の日本文学専門家であった李徳純から依頼を受けたものであり、林少華自らの発案ではないことがまず窺える。また傍線部③から林少華の翻訳動機は彼の経済的事情に起因すると看取することができる。

そして傍線部②では、依頼人の李徳純が「美妙（素晴らしい）[15]」という単語を使用している。それは「村上春樹《挪威的森林》的文筆如何美妙」であると書いてあり、「村上春樹の文学を紹介する」という目的がないわけではない。しかしこの所見は林少華自身の見解ではなく、依頼人の見解である。そして村上作品の翻訳が「翻訳出版後的市場前景更是如何美妙」と語られている点に留意したい。つまりは『森』翻訳刊行は純然とした商業出版を目的として行われたことが、ここで明記されているのである。

このように林少華は当初『森』を翻訳するという発想がなく、知人から依頼を受けたものであった。また立案者は商業出版として翻訳を企画していた。そして林少華も当時「経済状況一点也不美妙」であったと自ら述べており、両者の思惑は一致している。そのため、林少華は『森』という中国と社会背景も文化も全く異なる文学作品を、どれだけ中国人読者の嗜好に近づけ、少しでも受け入れられやすいスタイルにするため、いかに手を加えるか。それが、彼の最大の関心事となったのである。

この点に関して、かつて英文学者の新島通弘は「翻訳論」の中で、このように述べていた。

> もしも一般読者層を目標としての翻訳であるならば、外国語を知らぬ一般読者である日本人に何らの抵抗をも感じさせないような表現、つまり翻訳文とはとても感じられない文体でなければならない。……そうした意味での翻訳での重要性は、辞句ではなくしてそこに醸し出されている雰囲気を深い読みによって正しく捕らえられたものを過不足なく第二の言語特有の言いまわしに頼って再現してみせることである。そこに翻訳者としての技術と能力とが要求される。言語の言いまわしに捉われる必要はない。[16]

このように新島は、読者層によって翻訳の在り方は異なると述べた上で、一般読者を目標とする翻訳の場合には、読みやすい翻訳であることを重視し、辞句より雰囲気の再現に重きを置くべきと述べている。

これはあくまで日英翻訳における言及であり、しかも新島の指摘は半世紀前の古いものであり、それが現代の日中翻訳にそのまま対応するかは判らない。しかし上の引用文にある波線部の「日本人」を「中国人」に置き換えるとどうだろうか？

> 外国語を知らぬ一般読者である中国人に何らの抵抗をも感じさせないような表現、つまり翻訳文とはとても感じられない文体でなければならない。

この一文を読み、思い起こすのは、林少華の訳ではなかろうか。

一例を紹介したい。これはレイコさんのギター演奏シーンである。彼女は演奏したビートルズの『ミシェル（*Michelle*）』を「良い曲ね。私、これ大好きよ」と直子に語った次の台詞である。（底本と各種訳本は、巻末で一括して注記した）[17]

〔事例2〕

原文：「まるで**広い**草原に**雨が優しく**降っているような曲」（197頁）
頼訳："好像**雨温柔地**下在**寛闊的**草原般的歌"（157頁）
林訳："簡直就像**霏霏細雨軽軽**灑在**無辺無際的**草原"（143頁）

原文では「まるで〜のような」という直喩表現を使用しており、通常「まるで」は省略されるが、村上は省略していない。ここでは『ミシェル』の曲調にレイコさんが抱いた心象を「広い草原に雨が優しく降っている」と説明している。

その上で頼訳は「好像雨温柔地下在寛闊的草原般的歌」としている。原作にある「まるで〜のような」を踏襲して頼明珠も比喩表現を用いている。頼が用いた「好像」は「好像〜一様（yī yàng）」「好像〜似的（shì de）」などの呼応表現を採るが、「一般（yī bān）」なども使われ「好像〜般」としても用いる。そして「雨温柔地下在寛闊的草原（広い草原に優しく降り注ぐ雨）」と極めて高い再現度で逐語訳している。

一方の林訳は「簡直就像**霏霏細雨軽軽**灑在**無辺無際的**草原」と訳している。ここで林は比喩表現の中でも「簡直（jiǎn zhí）」を採用している。「簡直」は通常動詞句や形容詞句を修飾し、まるで〜である。という誇張の語気を含めている。そして原文の「広い」を「無辺無際」（際限がない、一望果てしないこと[18]）に、「雨」を「霏霏細雨」（霏霏:（雨・雪・煙・雲）などがきわめて盛んなさま[19]）に翻訳することで、より中国人読者には受け入れやすい訳本に近づけていることが理解できる。

例えば中国で大学受験（高考）を経験したかいしさんも「中国人は昔から詩文の中でも誇張された想像力溢れる表現の仕方を好み……中国の大学受験の一環である国語の作文でも、比喩表現や誇張表現をうまく使えた作文は高得点を得られたりします」とあり、この種の比喩表現や誇張表現は、中国人読者の多くが学生時代に授業で触れ、作文で慣れ親しんだ表現であると述べている。日本語をそのまま中国語に置き換えただけという印象の強い頼訳に比べて、林訳は、もしも村上が中国人だったらこのような表現を採るだろうという訳文に変換しているのである。

2-4　林少華の「塩味」は何を意味するのか

前節で林少華訳の「読みやすさ」や「翻訳文とはとても感じられない文体」のもう一つの特徴は、林少華自身が本来持つ美文志向も大きく作用していると思われるのである。

前掲『文匯報』2017年2月17日付けの紙面を今一度注目してみたい。そこには依頼人の李徳純が「美妙」と三度表現しているが、その第二は「“小林”的文筆又如何美妙」であると述べている。ここで李徳純は既に中国における『森』の読者を想定したと思われるが、その時に相応の学識を持ち、知的な美文表現を好む読者層を想定したのだろう。そのためこの想定に適合する文体を得手とする林少華に白羽の矢を立て、「“小林”的文筆又如何美妙」と翻訳を勧めたと思われるのである。

そして林少華の文章は、村上作品を翻訳する以前から、華麗な文体を好んでいた。例えば彼は、長崎県立大学で中国語教員を担当していたが、彼の日本語による論文が『長崎県立大学論集』に掲載されている。その序論を一部引用すると、

梅の花は、また花らしい花のない早春に寒さを凌いでりりしい花を付け、清らかな香りを放つ。外の眺めが殺風景な時に梅花一輪咲けば、それで春の気持ちになってしまう——中国に於いても日本に於いても、梅の花は春の到来を一番早く告げる花として古来から人々の心を捉え親しまれつづけて来た花で、それを詠む作品も相当の数にのぼる。[20]

とあり、一般的な論文に比べて雅に満ちた流麗な文体であることが明らかである。この種の論文は学術的な研究の結果などを述べた内容であり、この文章を目にするのは、自ずと研究者が多い、それにもかかわらず林少華は、ここでも美文調の日本語で書いている。そのため、林少華は村上作品を翻訳するときに、意図的に美文調にしたのではなく、むしろ林少華自身がそもそも美文志向であり、その美文志向に目を付けた李徳純が林少華の特性を見込んで依頼したと考える方が妥当である。

そのため林少華は自らが得手とする美文調の表現を駆使して、村上作品を翻訳したのであろう。彼本人は2006年3月28日の『上海電視』記者とのインタビュー記事[21]の中でこのように答えている。

我原本又是搞中日古詩比較的、難免多用幾箇文言詞児。説没有美化、是因為日本文学如日本料理、以淡為主、以淡為美。問題是如果同様訳得那幺淡、中国人就未必覚得美了。這也好比上海菜和山東菜、上海人覚得咸淡正好的菜、山東人往往覚得淡、而要譲山東人覚得正好、就要多放幾克塩進去。而我為了縮短日本人和中国人的審美距離、有時就在允許範囲内調整一下、即多放幾克塩。在這箇意義上、就不是美化、而是一種“信”、一種忠実、即審美忠実、這在文学翻訳上不但是允許的、也是必須的。

〔拙訳〕

私はもともと漢詩と和歌の比較に携わっていたので、幾つか古風な言葉

を使ったとしても仕方がないことだった。私が「美化していない」と言ったのは、日本文学は日本料理と同じで、味の薄いものが中心で、薄味のものを美とするからだ。問題は、翻訳も同じように薄くしたら、中国人は美しいと感じないかもしれない。これは上海料理と山東料理の場合にも似ていて、上海の人にとって、丁度いい塩加減の料理は、山東の人からすると、薄いと感じることが多い。山東の人にちょうどいい塩加減だと感じてもらうには、あと数グラムの塩を入れなければならない。日本と中国の美意識のギャップを縮めるために、許される範囲内で塩を数グラム多めに入れるなど、工夫をすることがある。その意味で、文芸翻訳において許されるのは、装飾ではなく、一種の「信」、つまり美的な忠実さである。（このような操作は）文学翻訳においては許されるべきであり、必要なことでもある。

そしてかいしさんも「まさに林少華によって加えられたこの「塩味」が、中国の文学愛読者にピッタリとハマり、村上春樹のファンであれば、誰もが林少華の美しい訳を脳内に一度は焼きつけたことがある」と林少華の見解に同意しているのである。

それでは、彼が中国人読者に好まれるように施した「塩味」の実際は、どのようなものであったのであろうか。紙数の関係から第6章の一部を引用し、分析することとしたい。

〔事例3〕

原文：**ひっそりとした月光の影**と、**ロウソクの光にふらふらと揺れる影**とが、白い壁の上でかさなりあい、錯綜していた。（196頁）

頼訳：**静悄悄的月光影子、蠟燭的光飄忽搖曳的影子**、在白色墻上互相重疊、交錯著。（156頁）

林訳：**悄無声息的月影**、**飄忽不定的燭光**、在潔白的牆壁上重疊交映、影影綽綽。（142頁）

〔事例3〕は、主人公の僕が「阿美寮」に訪問し、直子とレイコの共同部屋に滞在していた時のこと、輝く月明かりを見つけた僕は、室内の灯りを消し、直子とレイコさんとともに部屋の中にロウソクを点した場面である。頼訳はこの箇所でも忠実な翻訳に徹していることは一目瞭然である。しかし林訳はここで七字二句の対句構造を取り入れていることがわかる。対句とは、並列された二句が、シンメトリックに対応し合うように構成された修辞技法であり、殊に孤立語で単音節的特性が強い中国語では、その効果が屢々指摘[22]されている。この対句構造こそ林少華が意図的に中国人読者に向けた配慮——つまり「塩味」の一つと言えよう。

〔**事例4**〕

原文：窓からさしこんでくる月の光は様々な事物の影を長くのばし、まるで薄めた墨でも塗ったようにほんのりと淡く壁を染めていた（195頁）

林訳：窓口**瀉進**的明月**銀輝**、把東西的影子拖得長長的、宛如塗了一層淡墨似的隠隠約約印在墻壁上（141頁）

〔**事例4**〕は、〔**事例3**〕の直前の場面である。ここでは直子とレイコさんが共同浴場に行って２人が不在にしている時のこと、僕がひとり直子とレイコの部屋に佇んでいた場面である。僕は月の光がとても明るいことに気が付き、部屋の灯りを消してソファーに寝転び、ビル・エヴァンスのピアノを聴いていた際の情景描写である。

原文では「さしこんでくる月の光」という簡単な表現を、林訳は「泄進的明月銀輝（流れ込む白銀（しろがね）色の月光）」としている。

「泄（xìe）」は、本来「液体、気体が漏れること[23]」を表わす動詞であり、林はこれを使用して、月光が水のように漏れ出るという比喩を加味することで、中国人好みのレトリックを演出している。その他にも「銀輝（yín huī）」は文言（ぶんげん）であり、銀色の輝き、銀色に輝く光を意味して、主として月光を形容するのに用いられる[24]。そのためこのフレーズを聞いた時、中国人読者は即座に格調の高い趣を、耳で心地よく鑑賞することができる。このような風情を味わえる多彩な修飾表現、そして古代より連綿と受け継がれた深い味わいに富む文章に潤色することも、彼の持ち味である「塩味」の一つと思われるのだ。

〔**事例5-1**〕

原文：右翼**だろうが**左翼**だろうが**、偽善**だろうが**偽悪**だろうが**、それほど大した違いはないのだ。（22頁）（枠線筆者。以下同）

林訳：右翼**也罷**、左翼**也罷**、偽善**也罷**、偽悪**也罷**、併無多大区別（16頁）

〔**事例5-1**〕は、主人公が入居した寮を説明した箇所である。原文は「AだろうがBだろうが」という構文を、二度反復使用した文型である。それを林訳は更に分割し、四言四句構成に整えている。この四字句形式は中国語で発音すると単調で素朴のリズムとなり、中国人読者は『詩経（しきょう）』を思い起こすことが多い。『詩経』は中国古代の各地で口承された民謡と深い関係があるため、繰り返しが多いため唱和しやすく、その文体は受け入れやすいのだ。類例をもう一つ挙げよう。

〔**事例5-2**〕
原文：でも今では僕の脳裏に最初に浮かぶのはその草原の風景だ。草**の**匂い、かすかな冷やかさを含んだ風、山**の**稜線、犬**の**鳴く声（8頁）
林訳：然而、此時此刻我脳海中首先浮現出来的、却仍是那片草地的風光：草**的**芬芳、風**的**微寒、山**的**曲線、犬**的**吠声（5頁）

〔**事例5-2**〕は、主人公が19歳のことを思い出すシーンである。原文では「草の匂い」「山の稜線」「犬の鳴く声」と「○の○○」という表現を繰り返している。村上自身はこの表現を単調と思ったのであろうか、その繰り返しの中で、波線部に「かすかな冷ややかさを含んだ風」と語調を意図的にずらすことで、語調の持つリフレインを際立たせようとしている。ところが林訳は、原文で語調をずらした部分を「風的微寒」（風の微かな寒さ）と訳出し「草的芬芳、風的微寒、山的曲線、犬的吠声」という「○的○○」という四言対句構造で統一している。この形式は〔事例5-1〕にある「右翼也罷、左翼也罷、偽善也罷、偽悪也罷」同じ表現であるが、このような一字や二字を入れ替えながら各句が類似する詩句を繰り返す形式は、中国古代の詩歌集『詩経』で頻出する「畳詠体（じょうえい）」[25]を彷彿とさせる。入れ替え箇所が若干異なるが、林訳と類似する事例を『詩経』国風から引用すると以下の通りとなる。

右翼**也罷**、左翼**也罷**、偽善**也罷**、偽悪**也罷**　（事例5-1）
南有喬木、**不可**休息、**漢有**游女、**不可**求思　『詩経』周南 漢廣（一部）

草**的**芬芳、風**的**微寒、山**的**曲線、犬**的**吠声　（事例5-2）
月出皎**兮**、佼人僚**兮**、舒窈糾**兮**、労心悄**兮**　『詩経』陳風 月出（一部）

このように〔**事例5**〕は、原文への忠実性よりも、中国人読者が好む対句表現で得られるリズム感を林少華が重視した典型的な事例であり、しかも、林訳の表現は古来の詩歌集で用いられた伝統的な句法を、巧みに取り入れていると思われるのである。

以上、幾つかの事例を検討したが、林少華の翻訳は、中国人読者の嗜好に合わせた表現であり、その表現には比喩表現や誇張表現そして、対句などの中国古来の伝統的な修辞法が巧みに織り込まれている可能性がある。それが林少華訳にある中国人読者に口当たりの良い「塩味」であったのだ。

これら伝統的修辞法の淵源は他にも考えられる。例えば林訳の一部の事例は、典故や装飾的な修辞を多用した六朝時代の駢文（べんぶん）（四六駢儷（べんれい）体）を彷彿とさせる。この駢文は壮大で華麗にすぎるため、当時の知識人に広く深く浸透し過ぎるあまり、唐代では深刻な社会問題にまで発展した美文[26]である。この種の駢文的修辞についても彼が駆使している可能性が推測されるのである。

本論は以上であるが、本考察で見出された新しい見解よりも、生み出された課題の方が多い。中国における村上ブームは探れば探るほど、多くの疑問がわき上がり、多くの課題が生まれてくる魅力的な文化現象である。

これらの疑問の解決は、後考に委ねることとしたい。

おわりに

本論では、『ノルウェイの森』の中国語訳である林少華訳を取り上げ、頼明珠訳との翻訳目的の差違から、両者の訳文の差違を考察した。

頼明珠は、村上作品の原文の魅力をそのまま中国語で伝えようとした。そのため、原文の一字一句をそのまま中国語に置き換えるスタイルで翻訳を行った。それは頼自身が村上作品を紹介したいという目的にそった翻訳姿勢に裏付けられた方法であった。

一方の林少華は、知人の依頼、として林自身の経済状況から翻訳を引き受けた。そのため訳本がいかに多くの中国人読者に読まれるかを目的として翻訳を行った。それゆえに林訳は原文である日本語の文法構造に拘泥せず、誰にでも親しまれる自然な中国語に整理したほか、古来の句法や表現を駆使して、中国人読者に馴染みやすい訳文とすることを心掛けたのである。

なお、残された課題も多い。林訳では中国人読者向けの工夫として、四字熟語や文言、美文調の文章表現がみられたが、これらの工夫の多くは、中国歴代で断続的に試みられていた美文志向という淵源に辿り着くことができるのである。今回はその一端を『詩経』における畳詠体との関連性を指摘したが、まだ指摘の段階に止まり論証には至っていない。詳細は今後の課題としたい。

本論から見た今後の日中関係に関する提言

今回の考察で我々が注目すべき点に、林少華訳の事例に見られた翻訳の在り方があるのではなかろうか。

中国における村上ブームには、様々な要因があり、村上作品が本来持つ特徴が中国人読者の琴線に触れたこともまた事実である。しかし数多くの翻訳の中で、とりわけ林少華訳が受け入れられた事実は、特に注目すべき現象であると筆者は考えている。

なぜ林少華訳が多くの読者に受け入れられたか。その原因の最たるものに林少華が述べるところの「塩味」という訳文の工夫があった。その「塩味」が異国の作品を受容させるのに、極めて大きな影響を与えたに違いないのだ。

この現象の原因を端的に表せば、外国の文化を受容する際には、受け取る側の立場を十分に考慮すべきであるという点に尽きるであろう。日本と中国は古来より頻繁に交流してきて、お互いに大きな影響を与えあってきた。しかし残念ながら、この過程において、翻訳は単なるテクニカル・ツールとしか見られないことが多かった。

しかし、今回の林訳の分析によって、そのツールに様々な塩味を加えることで――つまり相手国を尊重し一工夫を加えることで、多くの読者に感銘を与え、他国を知り、他国をより身近に感じる契機を生み出すことができたのである。

今回は、翻訳に見られた「僅かな工夫」について述べたに過ぎないが、これは文学にのみ見える現象ではない。政治や経済、そして外交などの分野においても、今までと違うちょっとした工夫に着目すること。そしてその工夫とは、他国の立場を尊重するという工夫あるのではないか。それが、より日中両国を親密なものに変える可能性があるのではないだろうか。

「(幾克塩) 数グラムの塩」はほんの僅かな量にすぎない。しかし工夫次第でこれほどの効果を生み出している事実を、我々は無視してはならないだろう。

（附記）本論は文部科学省事業「科学技術イノベーション創出に向けた大学フェローシップ創設事業（東北大学高等大学院博士学生フェローシップ）」（J210001416）による研究助成を受けた研究成果の一部である。

1　講談社『現代ビジネス』HP　https://gendai.media/articles/-/84043　なお引用したイラストは、原作者の掲載許可取得済。
2　王海藍「中国における「村上春樹熱」とは何であったのか――2008年・3000人の中国人学生への調査から」(『図書館情報メディア研究』6巻2号、2009) 60頁参照。
3　王海藍『村上春樹と中国』(アーツアンドクラフツ、2012) 118～119頁参照。
4　王海藍『村上春樹と中国』(アーツアンドクラフツ、2012) 119頁参照。
5　近年の動向に関しては、苗鳳科「中国の一般読者層における村上春樹作品受容の要因考察――『ノルウェイの森』を中心に」(『中央大学大学院研究年報 文学研究科編 』47号、2018)。なお中国における研究史については、許翠微「中国における村上春樹『ノルウェイの森』研究史」(『平安女学院大学研究年報』18号、2018)。
6　①劉惠禎・黄琪玫・傅伯寧・黄翠娥・黄鈞浩訳『挪威的森林』(故郷出版社、1989.2)、②林少華訳『挪威的森林』(漓江出版社、1989.7)、③鐘宏傑・馬述禎訳『挪威的森林』(北方文藝出版社、1990)、④葉蕙訳『挪威的森林』(博益出版、1991)、⑤頼明珠訳『挪威的森林』(時報文化出版、1997)、⑥張斌訳『挪威的森林』(内蒙古人民出版社、2001)、⑦亦夢訳『挪威的森林』(時代文芸出版社、2001)、⑧安娜訳『挪威的森林』(遠方出版社、2001)、⑨魯平訳『挪威的森林』(漓江出版社、2001)、⑩南楠訳『挪威的森林』(広西師範大学出版社、1996)、⑪李季訳『挪威的森林』(西苑出版社、2003)、⑫訳者不詳『挪威的森林』(文化芸術出版社、2004)。
7　藤井氏前掲書195～196頁参照。
8　永田・平塚氏前掲書214～222頁参照。
9　孫軍悦「〈誤訳〉のなかの真理――中国における『ノルウェイの森』の翻訳と受容」(『日本近代文学』71号、2004)。
10　園山延枝「中国に於ける村上春樹「受容」――翻訳者・林少華の評価を中心にした考察」(『野草』77号、2005)。
11　楊炳菁「文学翻訳与翻訳文学――林訳村上文本在中国大陸」(『日語学習与研究』2009年5期)。
12　高路「従《挪威的森林》在中國的訳介看翻訳文学的二次生命」(『安慶師範学院学報(社会科学版)』2010年4期)。
13　藤井氏前掲書89～90頁参照。
14　なお張明敏は、台湾の読者は頼訳を支持している読者も多いこと。そしてそれらの読者は意図的に直訳した頼明珠の訳文の中に、中国語と異なる日本語の風格を感じ、村上春樹による原文の息遣いを味読する傾向があることを指摘しており、頼訳が一概に排除されるものではないという意見もある。詳細は張明敏「《挪威的森林》在台湾的翻訳与文化翻訳」(黎活仁編『国際村上春樹研究』輯一、2013)。
15　【美妙】(měi miào):すばらしい。大東文化大学中国語大辞典編纂室 編『中国語大辞典』(角川書店、1994) 下巻2087頁参照。
16　新島通弘「翻訳論」(『英語青年』114巻3号、1968) 154-155頁参照。
17　底本は、原作は村上春樹『ノルウェイの森(上巻)』(講談社、1987)、林少華訳『挪威的森林』(上海訳文出版社、2007年版)、頼明珠訳『挪威的森林』(時報出版社、2018年版) を使用。
18　前掲書『中国語大辞典』下巻3246頁参照。
19　前掲書『中国語大辞典』上巻905頁参照。
20　林少華「漢詩と和歌の抒情様式と文芸趣向の比較的一考察--梅花の詩歌を中心に」(『長崎県立大学論集』28巻2号、1994) 289頁参照。
21　関于村上春樹――答《上海電視》記者劉江涛問
https://blog.sina.com.cn/s/blog_48f36ce0010002pv.html
22　古田敬一『中国文学における対句と対句論』(風間書房、1982)、松浦友久『中国詩文の言語学――対句・声調・教学』(研文出版、2003) 等参照。
23　前掲書『中国語大辞典』下巻3435頁参照。
24　前掲書『中国語大辞典』下巻3722頁参照。
25　畳詠体については、吉田文子「『詩経』の畳詠形式に見られる変換語の諸相について:基本パターンとその機能を中心に」(『お茶の水女子大学中国文学会報』31号、2012) 及び、同氏「民間楽府における表現形式とその機能について――対偶表現を中心に」(『人間文化論叢』7号、2005)。
26　林田慎之助「唐代古文運動の形成過程」(『日本中國學會報』29号、1977)、羅聯添「論唐代古文運動」(臺灣學生書局『唐代文學論集』所收、1988)、李丹『唐代前古文運動研究』(中国社会科学出版社、2012) 等参照。

介護ビジネスエコシステム構想の再吟味

～日中の介護ロボットの開発と普及をめぐる検討～

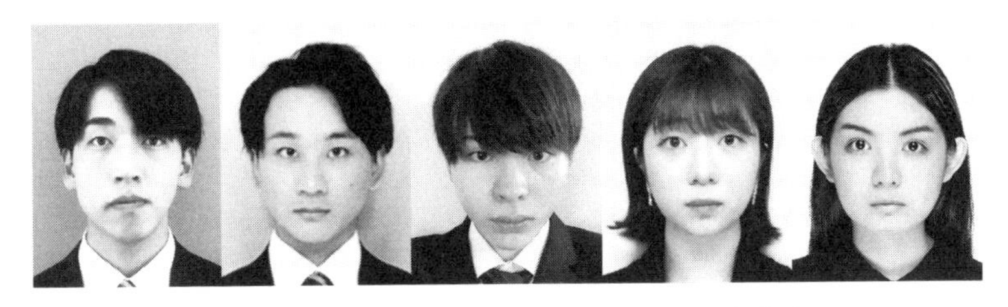

日本大学商学部経営学科、商業学科　代表　**二見啓介**（3年）
奥井陸平（3年）、**清水佳**（3年）、**中野いづみ**（2年）、**耿奕錦**（2年）

はじめに

日本・中国共に高齢化が深刻となり、介護士不足や労働環境の悪化など多くの問題が顕在化している。介護のあり方が問われているなか、介護ロボットに期待が集まっているが、日中共に介護ロボットの普及は十分に進んでいない。研究を進めていくなかで、普及阻害要因が多岐にわたり、介護産業のみでは解決できないことがわかった。

その解決策として、私たちは、介護産業のみならず、多種多様な産業との協業体制といえる介護ビジネスエコシステム（以下BES）に注目し、それが介護ロボットの普及に寄与するのではないかという仮定のもと、研究に着手した。

本稿では、一章で日中の高齢化や介護産業の現状、構造の差異について述べた上で、介護ロボットへの期待と限界を述べ、仮説を提示する。二章では日中介護ロボット開発における協業体制の事例を提示・検証し、三章でそれらの検証より介護ロボット普及に向けた解決策の考察を行う。

一、日中の介護ビジネスの現状と介護ロボットの限界

本章は、日中の介護産業・介護ロボットの現状を踏まえて、BESの構築により介護ロボットの普及が進むと仮定する。1節では日本・中国における高齢化の現状、日中介護産業の構造とその差異について述べ、問題を提起す

る。2節で介護ロボットへの期待と限界について述べ、3節にて本研究における仮説を提示する。

1-1　日中の現状と課題

1）日本

初めに、日本の高齢者数について述べる。2021年時点での65歳以上の高齢者は3640万人と過去最多となった。また、**図1**の高齢者人口割合の推移によると、1985年より高齢者人口の割合は増加し続け、2021年には29.1%にのぼり、今後も高齢者人口の増加が予想される[1]。

次に、介護産業の流れは**図2**のように位置付けられている。被保険者は市町村と保険関係を結び、事業者からサービスを受ける被保険者は介護保険サービスを受ける代わりに、サービス料の1～3割を負担している。サービス事業者は、費用の7～9割を市町村に請求し、支払いを受ける。そして、市町村と被保険者は保険関係にあり、要介護や要支援の申請認定を行っている[2]。

一方介護産業は、労働環境の悪化、介護士不足など多くの課題を抱えている。特に介護士不足は深刻であり、2040年には約69万人もの介護士が必要と予想されている[3]。また、厚生労働省が令和3年度に行った介護士の不満に関する調査では、「人手が足りない」「身体的負担の大きさ」などの不満が多く挙げられ[4]、それらが介護士不足に起因していると考えられている。また、日本の介護産業は社会福祉の側面が強く、公的資金に依存し、ビジネスの側面でみると未成熟であるため、経営効率化といった視点が不足している。それが一章2節で述べる介護ロボット導入の障壁の一つとなっている。

2）中国

まず、中国における高齢化の現状について述べる。国家統計局によると、2001年には高齢化率が7%を超え、「高齢化社会」となり、2021年には「高齢社会」に突入[5]、国連の推計によれば2035年には超高齢社会に突入するといわれている。

中国の介護産業の現状についてだが、中国健康養老産業白皮書（2021）によると、中国の介護は在宅介護が主体となり、地域介護や施設介護は補助的な立ち位置にある。また、介護保険制度は特定の都市の導入に留まり、未成熟であると同時に介護産業の構造も日本より曖昧である。介護に対する認識の違いや、介護保険制度が整っていないことなどが影響し、介護サービス自体の利用が少なく、介護事業者は収益の確保ができていない（呉冬梅,2020）。

次に、介護に対する認識として、儒教の思想が中国の介護のあり方に大きく影響しているといえる。一般的には老後の生活の場を家庭とし、儒教文化の「家」制度のもとで生じた「養子防老」という考えが中国の介護の認識の基盤にある。家族介護を第一に考える意識が強く残されているため、介護職は家族の代替機能を求められる傾向があり、介護の専門性は重要視されていない。

また、中国では、都市住民と農村住民を区分する政策が現在も継続されている。この政策は介護分野にも影響を及ぼし、地域差を生み出す一つの要因になっている。また、地域の経済力の格差等により、統一した制度を取ることが出来ないという課題もある。

中国において、儒教の思想が介護観に影響を及ぼしていることや介護の基盤が整っていないことなど、日本と中国の社会及び介護産業の仕組みの違いを理解した上で、協業体制を構築することが重要である。

図1　日本における高齢者人口割合の推移（1985年～2021年）

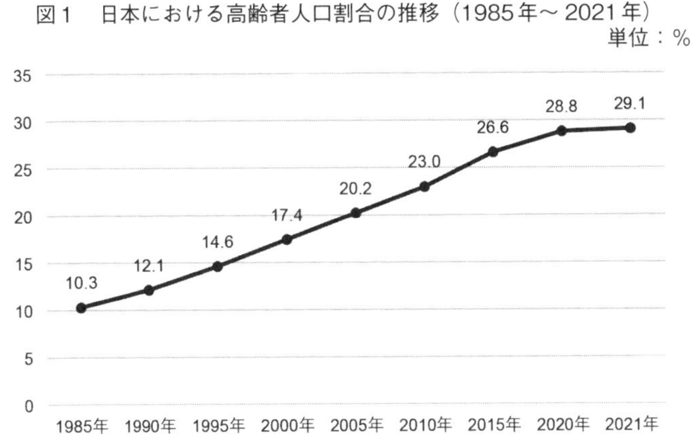

出所：総務省（2021）「統計からみた我が国の高齢者」より筆者作成

図2　介護保険制度の流れ

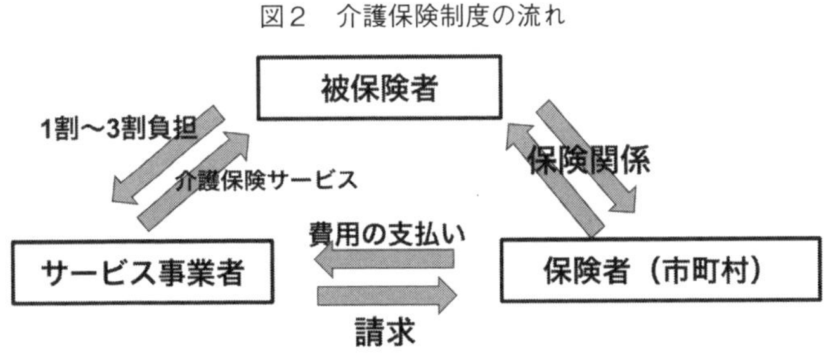

出所：厚生労働省(2020)「介護保険制度について」より筆者作成

1-2　介護ロボットへの期待と限界

本章では1節で述べた介護の課題から、解決策の一つとして介護ロボットに着目し、その定義と、介護ロボットへの期待、限界について論じる。

日本国内ではロボットを「センサー、駆動系、知能・制御系の3つの技術要素（ロボットテクノロジー、RT）を有する機械システム[6]」と幅広く呼ぶ。介護ロボットについても、介護に用いられているロボットを介護ロボットと指すのみで、明確な定義は存在しない。介護ロボットの開発重点分野は、経済産業省と厚生労働省により、図3の6分野13項目に整理されている。本論文においては、それらを介護ロボットと定義する。

図3　介護ロボットの開発重点分野

出所：厚生労働省（2017）「介護ロボットの開発支援について」より抜粋

主に介護ロボットに期待されるのは、「高齢者の自立支援」と「介護者の負担軽減」の二つである。高齢者の自立支援は、高齢者の普段できていた行動が制限されていくなかで、自信を付けさせるための生活目標を見つけることが重要となる[7]。介護者の負担軽減では、介護業務における腰痛や過重労働などの負担を軽減することなどが期待されている[8]。

一方で、日本において介護ロボットが普及しているとは言い難い。介護労働安定センター（2020）が行った日本の9,183か所の事業所を対象とした調査によると、「介護ロボットをいずれも導入していない」との回答が80.6%にのぼる。

続いて、中国における介護ロボットについてだが、2012年の科学技術部による「サービスロボット技術発展第12次五か年計画特定プロジェクト」から、介護ロボットについて言及され始めた。2015年には、国務院の「中国製造2025」において、10の重点分野の一つとして「ロボット」が明記され、その中に介護関連のロボットが記載された。そして、2016年工業情報化部の「ロボット産業発展計画（2016-2020年）」では、「介護ロボット」自体が象徴的な10の重点分野の一つとして挙げられるようになったことから、介護ロボット開発・普及にむけた中国政府の力の入れ具合が高まっていることがみてとれる。

一方で、欧米諸国と比較して、介護ロボット関連のコア技術が不足しているため、美的集団の欧米のロボット開発企業の買収など、外資の技術導入[9]を進めざるを得ない現状があり、普及も十分に進んでいないことが推察される。

1-3 仮説の提示

ここまで述べてきた日中介護産業の現状・課題から、私たちは介護ロボットに注目した。しかし、その普及については両国とも思うように進んでいないのが現状である。

先行研究として、北嶋（2021）は、介護ビジネス全体をBESとしてとらえる発想の欠如に起因していると仮定し、産業全体の様々なセクターにわたる課題を提示しつつ、エコシステムの視点から考察を行っている。

また、BESの概念規定として、介護ロボットの普及のようなBESについて、椙山ら（2011）は「エコシステムとは、新しい価値創造の構想実現に貢献しようとするエージェントの集合体であり、つまり、エコシステムとは、顧客に対して提供される価値の体系から定められた人工物とエージェントのシステムである」と定義している。

そこで、本稿ではBESの構築により介護ロボットの普及が進むと仮定し、介護産業をBESの視点で拡張的に捉え、論じていく。

二、仮説の検証
～ビジネスエコシステムにより介護ロボットの普及が進むのか～

本章では、日中の介護産業のみならず、他産業との横断的な協業を行っている具体的事例を提示し、それらを足がかりに介護BES構築にむけた検証を行う。

2-1　日本の事例

まず、日本における介護ロボット普及に向けた協業体制の事例を取り上げ、考察する。

日本では、平成25年度より「ロボット介護機器開発・導入促進事業[10]」を実施し、介護ロボット開発に向けて、厚生労働省をはじめとした「官」と介護ロボット開発企業などの「民」との協業体制が構築され始めている。

厚生労働省は、令和2年度に介護ロボットの開発・実装促進を目的として「介護ロボットの開発・実証・普及のプラットフォーム事業」を開始し、その他にも事務局を設置し、多くの支援事業を行なっている。

その一つが、ニーズ・シーズ連携協調協議会を設置して行われている「ニーズ・シーズマッチング支援事業[11]」であり、そこでは図4の実行組織が、製品化に繋がる開発提案や試作機等の作成を目指し、計12の介護ロボットが提案された。

今回提案された介護ロボット機器は、「ソフトウェア関連」のものが多く、このような提案を実現するための開発助成制度の整備と、利活用促進方策の検討並びに介護現場の環境整備が必要だという。IT関連技術などを強みとする企業を含めた他産業とのより広範な協業体制を構築し、介護現場の要望を介護ロボットに落とし込んでいく必要がある。

図4　ニーズ・シーズ連携協調協議会の実施体制

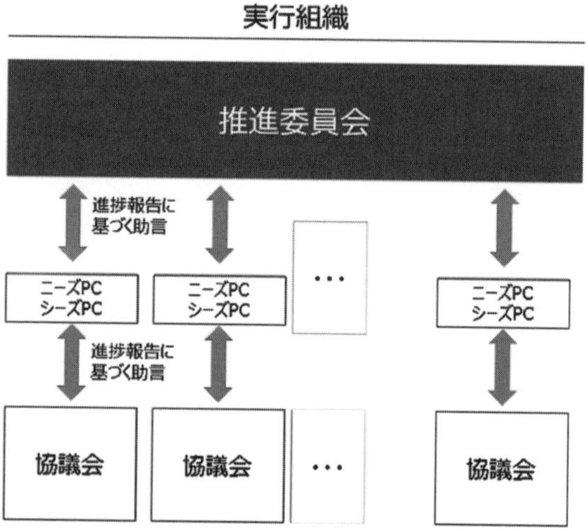

出所：厚生労働省（2021）「介護ロボットの開発・実証・普及のプラットフォーム 構築業務等一式」より抜粋

次に、介護現場のニーズとロボット開発企業とのマッチングの事例を検証する。

図5のように、全国に設置した協議会が、介護施設で求められるニーズを反映したロボットの開発案をリスト化して公開し、それらに興味を持った71の企業・団体にマッチング支援を行った。一方で、製品化後の課題へ対応するために、販売領域の企業とも連携していく必要がある。

図５　マッチング支援事業の実施体制

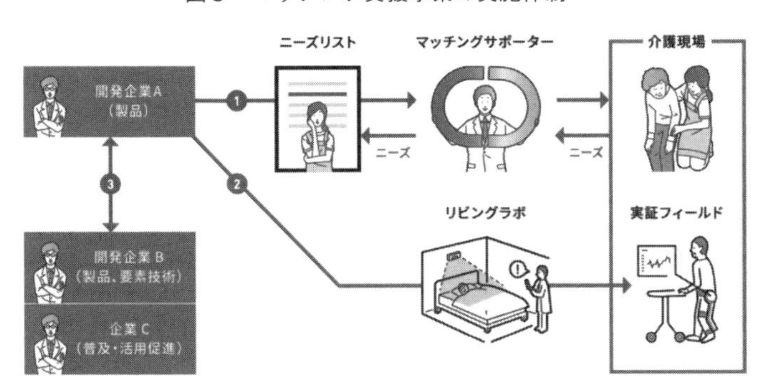

出所：「介護ロボットのニーズ・シーズマッチング支援事業」公式HPより抜粋

日本では、介護ロボットの開発・実装に向けた様々な事業が行われている一方で、介護ロボットの普及は進んでいない。この現状を打破する上で、他産業とのより広範な協業体制の構築が急務といえるだろう。

2-2　中国の事例

次に、中国の介護ロボット開発における協業の事例をもとに考察する。

中国の美的集団と安川電機（中国）有限公司は、合弁会社である「広東安川美的工業機器人有限公司」を設立[12]し、介護ロボットを中国の市場向けに販売した。

一方で、中国国内の介護ロボット開発企業と他産業との協業体制を構築しているという事例は、他分野と比較しても少ない。

実際に、他分野のロボット産業では、中国のハルビン工科大学と深圳悦登智能科技有限公司（以下EAI）は協業体制を構築し、学生向けのロボット関連技術の習得を目指した活動[13]を行なっている。背景として、現在の中国のロボット産業は、専門的な人材の育成が未成熟であるため、人材の育成が急務であり、この面から産官学の連携が期待されている。実践的な教育と企業の組み合わせという他産業との協力体制は、介護ロボット開発促進の一助となるだろう。

他の分野では、既に産学連携や他企業との協業体制の構築が多く行われている一方で、介護ロボット産業では十分に行われていない。今後中国では、介護ロボットの開発・普及を促進するために、他産業との協業体制の構築・産官学での連携など、産業や国にとらわれない協業が重要になるといえる。

三、介護ビジネスエコシステム論を超えて

本章では、これまで述べた課題や検証を踏まえて、日本における介護ロボット普及に向けた発展の道筋を考察する。最後に、それを踏まえた中国における介護産業全体の課題とその課題解決への糸口を明らかにし、日中協力の今後について提言を行う。

3-1　求められるセクター横断型ネットワークの構築

本研究では、介護ロボットの普及を「介護ビジネスエコシステム」の構築によって解決するという道をめぐり、日中における現状の描写を試みた。

日本と中国の介護産業について、その構造の特徴をまとめると下記の**表1**のようになる。

表1　日中介護産業の概略

	介護インフラ構造	ビジネスエコシステム
日本	介護保険制度などがかなり成熟し、広範囲で介護が受けられる整備が整っている。	単一セクターで個々の企業が介護ロボットを製作し、販売している。 ビジネスエコシステムのようなシステム構築は未発達。
中国	介護保険制度などがまだ実験段階で未発達。地域によって制度自体にも格差が大きく、介護インフラ整備はまだ発展途上である。	美的集団の事例のように、他産業も含めた製造業や先端技術の国内外での協業体制システム構築の兆しがある。

出所：筆者作成

得られた帰結として、介護ビジネスにビジネスエコシステム概念を適用することは、必ずしも親和性があるものとは言えず、この枠組みに依拠して介護ロボットの普及を進めるのは困難であろうと結論づけられた。

その理由として、主に「介護ビジネスの収益構造」と「キーストーンの不在」の二点が挙げられる。

そもそもビジネスエコシステム概念の本質は「共存共栄」にある。社会福

祉の側面が強い介護産業は、公的資源に依存した収益構造になっており、ビジネスエコシステムとしての「共栄」が望みにくい。

介護全体の社会インフラという側面より、企業の持つ利潤を生む力が十分に発揮されず、それが人材面での慢性的な投資不足に起因し、介護の主たる課題につながってくる。介護産業は福祉国家としての在り方に関わる部分であり、市場経済以上に国の果たす役割への依存度が大きい。よって、BESの概念が介護産業にはなじまない性質であるといえる。

次に、キーストーンの不在である。これは前述した収益構造にもつながる。

先行研究における介護BESには、キーストーンの不在、つまり、本来BESに不可欠な核となるプレイヤーについての記述がなく、BESそのものを開かれた協業体制によるイノベーションの創出を目的とする戦略としている。

次に経営の側面から、介護ロボットの導入について考える。

介護に限らずロボットを導入するのは、それにより生産性の向上といった付加価値を得て、初期費用を上回る利潤が見込めるときだろう。

しかし、介護ロボット普及の阻害要因は、「経済的要因」を筆頭に、「技術的要因」や「人材的要因」という、根幹部分での高い壁にある。そもそも「ロボットを経営に取り入れた結果さらなる利潤を生み出せる」という導入要件を満たせないのが現状である。

図6はこれまでの内容を踏まえ、介護ロボット産業を取り巻く各セクターを概念的に描画したものである。社会インフラとしてのつながりはあるものの、協業体制と呼べるようなシステム構築ができておらず、介護ロボットの開発から実装にかけての産業横断的な課題を解決できない事が、介護ロボットの普及を妨げている一つの要因だと考えられる。

図6　現状の介護関連セクター概念図

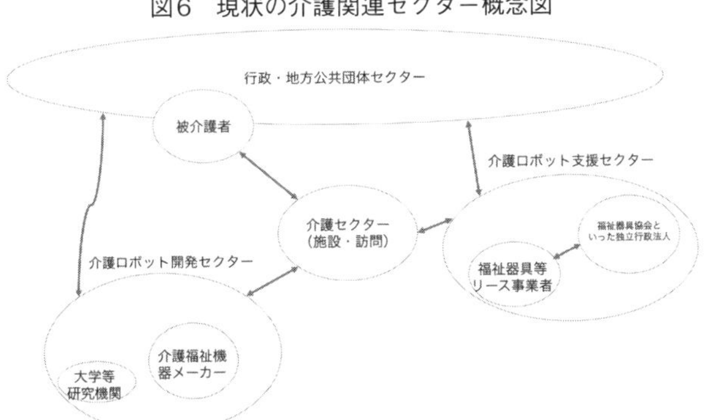

出所：北嶋（2021）を参考に作成

これらを踏まえ、BES構築という手段ではなく、官民学によるセクターを問わない介護ロボット産業協業体制の発展を見ていく必要性がある。

二章で述べたように、開発促進に向けて介護セクターと開発セクターを結びつける役割や、産業を問わず外部資本によるイノベーションを目的とする活動が盛んになっている。広い視点で協業体制の拡張をしていくことが介護ロボットの普及の一助となる。

そこで、図7のように、既存の産業構造から拡張し、セクターを横断する形での協業体制の構築が求められる。新しい技術の開発だけではなく、他の業種・産業から技術を取り入れる方向性を模索し、収益構造が固定化されているのであれば、他国の企業と共同開発など、産業全体を拡張していく必要があるだろう。

図7　介護関連セクターを拡張的に描いた概念図

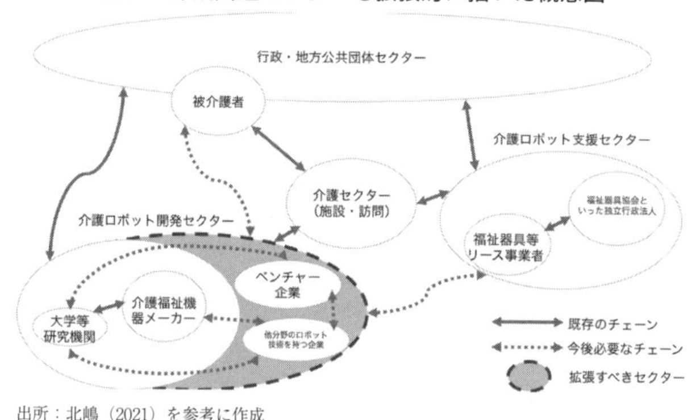

出所：北嶋（2021）を参考に作成

3-2　日中協業体制への展望

日本の大きな強みは、インフラとしての介護の普及である。介護保険といった優れた制度によって、介護が受けられる幅はかなり広い。しかし、BESや協業体制といった経営システムとしてみると、その構造は未発達である。介護ロボットを含む先端技術の開発を、国の補助ありきの産業構造がふたをする形となる。

対して中国の介護産業の弱みは、日本と対照的にインフラ整備が発展段階であるため、国全体に介護産業が根付くのはまだ先のことである。しかし、介護産業という基盤が整っていないからこそ、ビジネスの場という意味合いを持ち、市場の拡大や経営の持つ成長の余地が残されている。そして、二章で述べた中国の事例や日本企業の中国進出などのビジネスとしての側面により、インフラ投資に加え、市場として経営効率化を図る「ロボット導入」への兆しがあるといえる。

以上より、中国と日本の介護産業はともに可能性を秘めている。介護ロボットにおいても、先端技術への投資といった意味合いで日中ともに注力分野に挙げられている。文化の差異といった根本での課題は残るものの、「ロボット」という分野の持つ普遍性は介護産業における日中協力に意味を持たせるものである。国家間の差異が根底にあることを理解したうえで、介護ロボット普及に向けた日中協業体制の構築は大きな一歩となるだろう。

終わりに

本論文では、日中共に介護士不足の深刻化をはじめとした諸問題が、介護産業の発展阻害要因となることを問題視し、介護ロボットに着目した。そして、その普及に向けてBESという概念から考察を行った。しかし、介護ロボットの地盤となる介護産業では、BESに適合しない点が多いことがわかった。このことから、BESという考えをそのまま介護産業に落とし込み、介護ロボットの普及が促進されるという道行は困難であり、同時に介護産業の問題点が浮き彫りとなった。

事例調査を中心とした仮説の検証により、日本の課題としては、介護ロボット開発や実装に向けた動きはあるものの、他産業を横断した協業体制の構築には至っていないことが挙げられる。中国においても、介護ロボット開発企業と他産業の協業体制が十分に構築されていないことが課題として挙げられることから、介護BESとは異なった形での協業体制の必要性が示唆された。

そして、本研究を通じ、日本という成熟した介護産業の構造と、中国における製造業や経営システムのあり方が垣間見られた。これら双方に目を向け、学びあうことにより、求めるべき方向性の一端が見えてきた一方で、ビジネスエコシステムのみによる介護ロボットの普及には限界がある。産業全体で両国が手を取り合い、それぞれの国やセクター内にとどまらない社会的分業と協業体制の構築へと転換することこそが必要である。

参考文献

（日本語文献）

ロボット政策研究会（2006）「ロボット政策研究会　報告書～RT革命が日本を飛躍させる～」（2006年5月）　https://www.jara.jp/various/report/img/robot-houkokusho-set.pdf

椙山泰生・高尾義明（2011）「エコシステムの境界とそのダイナミズム」『組織科学』vol45（1）、4-16

厚生労働省（2013）「福祉用具・介護ロボット開発の手引き」
http://www.techno-aids.or.jp/research/robotebiki_mhlw_140922.pdf

安川電機（2015）「中国 美的集団股份有限公司との提携について」（2015年8月5日）
https://www.yaskawa.co.jp/newsrelease/news/11899

厚生労働省（2017）「介護ロボットの開発支援について」
https://www.mhlw.go.jp/file/06-Seisakujouhou-12300000-Roukenkyoku/2_3.pdf

日本経済研究所（2020）ロボット介護機器開発・標準化事業に係る海外調査（2020年3月31日）
https://robotcare.jp/data/outcomes/2020/09.pdf

呉冬梅（2020）「大連市の高齢者向け小規模多機能型施設に日系3社も参入（中国）」（2020年4月7日）
https://www.jetro.go.jp/biz/areareports/2020/6f9c7d54f31ee17f.html

厚生労働省（2020）「介護保険制度について」（2020年11月）
https://www.mhlw.go.jp/content/12300000/000614771.pdf

厚生労働省（2021c）「介護ロボットの開発・実証・普及のプラットフォーム 構築業務等一式」（2021年3月）　https://www.mhlw.go.jp/content/12300000/000765217.pdf

厚生労働省（2021b）「介護雇用管理改善等計画の改正案（概要）」（2021年3月31日）
https://www.mhlw.go.jp/content/11601000/000744962.pdf

厚生労働省（2021a）「第８期介護保険事業計画に基づく介護職員の必要数について」（2021年7月9日）　https://www.mhlw.go.jp/content/12004000/000804129.pdf

公益財団法人 介護労働安定センター（2020）「事業所における介護労働実態調査 結果報告書」（2021年8月）　http://www.kaigo-center.or.jp/report/pdf/2021r01_chousa_jigyousho_kekka.pdf

総務省統計局（2021）「統計からみた我が国の高齢者」（2021年9月19日）
https://www.stat.go.jp/data/topics/pdf/topics129.pdf

北嶋守（2021）「日本における介護ロボットの普及課題―BESの視点に基づいて―」産業学会研究年報第36号、p.21-37

厚生労働省（2022）「介護ロボットの開発・実証・普及のプラットフォーム事業　事業報告書」、2022年3月　https://www.mhlw.go.jp/content/12300000/000928386.pdf

厚生労働省（2022）介護ロボットのニーズ・シーズマッチング支援事業公式HP
https://www.kaigo-ns-plat.com/

（中国語文献）

中華人民共和国科学技術部（2012）「服務機器人科技発展“十二五”専項規画」（2012年4月1日）
http://www.gov.cn/gzdt/att/att/site1/20120424/001e3741a4741100454401.pdf

国務院（2015）「国務院関於印発＜中国製造2025＞的通知」2015年5月8日
http://stic.sz.gov.cn/attachment/0/301/301960/2906019.pdf

工業信息化部、国家発展改革委（2016）「機器人産業発展規画（2016-2020年）」（2016年3月21日）
http://www.scio.gov.cn/m/xwfbh/xwbfbh/wqfbh/33978/34888/xgzc34894/document/1484894/1484894.htm

深圳越登智能技術有限公司（2019）「作案例｜“SISO-EAI智能機器人聯合創新実験室“建設落成」（2019年11月27日）　https://edu.eaibot.cn/news/new/19.html

机器人大讲堂（2021）「这所985高校与机器人企业强强联合，打造机器人“实践圣地”」2021年7月19日　https://baijiahao.baidu.com/s?id=1705720287909905558&wfr=spider&for=pc

国家統計局「2021年国民経済持続回復発展予期目標較好完成」（2022年1月17日）
http://www.stats.gov.cn/tjsj/zxfb/202201/t20220117_1826404.html

沙利文公司（2022）「中国健康养老産業白皮書」（2022年9月5日）
https://pdf.dfcfw.com/pdf/H3_AP202209051578057522_1.pdf?1662410013000.pdf

---

1 総務省統計局、2021
2 厚生労働省、2020
3 厚生労働省、2021
4 介護労働安定センター ,2020
5 国家統計局、2022
6 ロボット政策研究会、2006
7 厚生労働省、2013
8 厚生労働省、2013
9 日本経済研究所、2020
10 経済産業省・日本医療研究開発機構、2013 ～ 2018
11 厚生労働省、2021
12 安川電機、2015
13 機器人大講堂、2021

特別賞

自動運転車の開発体制に関する一考察

〜中国式から学びうるもの〜

日本大学商学部商業学科　代表　**鈴木祐弥**（3年）
須田直幸（3年）、**小池栞理**（2年）、**白石優太**（2年）、**向響生**（2年）

一、本研究の目的・背景

現在、電子工学や情報技術の活用といった技術革新である第三次産業革命から大きく進歩し、新たに第四次産業革命として人工知能やIoTの活用といった技術革新がある。中でも人工知能の開発はめざましい発展をし続けている。

中国では2015年に発表された「中国製造2025」を皮切りに、国家主導で積極的に自動運転車の開発が行われてきた。政府だけでなく中国インターネット検索大手のBaidu（百度）や、自動運転技術開発のスタートアップ企業の小馬智行（ポニー・エーアイ）といった民間企業も参画して自動運転車の社会実装に向けて研究を進めており、Baidu（百度）は2022年8月に武漢と重慶で完全自動運転のタクシーを公道で走行させる実証実験を行い、社会実装に向けた動きをみせている。

対して、日本でも2014年から政府が「自動車産業戦略2014」や、「官民ITS構想・ロードマップ」などを次々と発表している。またトヨタやホンダといった民間の自動車メーカーも、他国の企業と提携し自動運転開発に着手している。また日本国内での走行実験は2018年を皮切りに増加しており、その内容としては自動運転車単体ではなく、物流サービスと自動運転のトラックとの連携や、道の駅を利用した自動運転サービスの実証実験を行っている。

本研究の目的は、日中両国における自動運転車の普及に向けた動きの違いに着目し、日本の自動運転車の開発体制に対する示唆を与えることである。

具体的には日中両国における市場環境、自動運転車の生産方式の観点から比較を行い、今後の日本における自動運転車の普及に向けた提言を行う。

二、自動運転車に関して

2-1 自動運転車の定義

官民連携による「戦略的イノベーション創造プログラム（＝SIP）自動運転推進委員会」では、「道路運送車両法における自動運行装置とは、国土交通省が付する条件（走行環境条件）で使用する場合において、運転者の操作に係る認知、予測、判断、操作に係る能力の全部を代替する機能を有するもの」と定義している（内閣府, 2022、警察庁, 2022）。技術の発展段階である現在は、システムが前後・左右いずれかの車両制御を実施する運転支援レベル1、システムが前後・左右の車両制御を実施するような高度な運転支援をするレベル2、さらに特定状況下（場所、天候、速度など安定運転が可能な条件）における自動運転システムが運転を実施し、高速道路での自動運転を可能とするレベル3、その高度版であり、特定条件下における完全自動運転が可能となるレベル4、常にシステムが運転を実施するレベル５の目安が設定されている（図1）（国土交通省, 2020）。

図1　自動運転車の定義及び政府目標

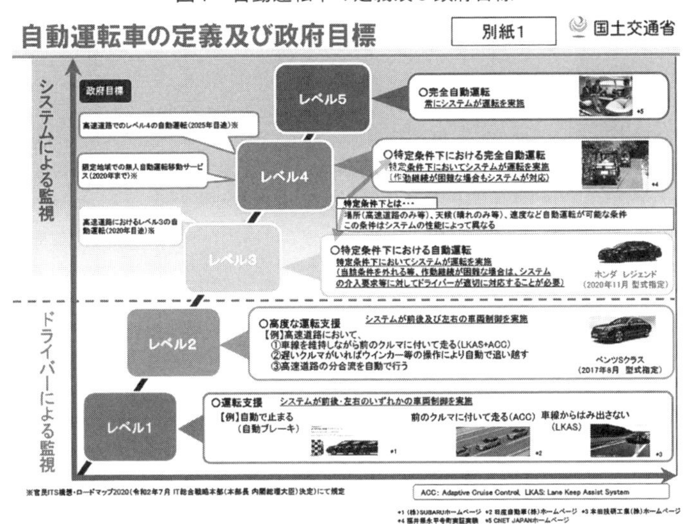

出所：官民ITS構想・ロードマップ2020

2-2　日本と中国における自動運転車の事例

1）日本における自動運転車の事例

日本の自動車メーカーであるホンダは自動運転車の開発に力を入れており、2017年12月には、AI技術に強みを持つ中国のSense Time Group Limitedと5年間の共同研究開発契約を締結し（本田技研工業株式会社, 2017）、2018年10月にはGMクルーズホールディングスLLC、ゼネラルモーターズと、自動運転技術を活用したモビリティの変革という共通のゴールに向けて協業を行うことで合意した（本田技研工業株式会社, 2018）。また、ホンダは日本で2021年に乗用車「レジェンド」でレベル3相当の走行に成功し、2021年に市場に投入した。生産台数は100台で、販売方法はリースのみとなっているが、世界初のレベル3での乗用車の走行に成功したのだ。自動運転機能はトラフィックジャムパイロット（渋滞運転機能）であり、ハンズオフ機能付き車線内運転支援機能で走行中に、一定の条件下でシステムが周辺を監視しながら、アクセル、ブレーキ、ステアリングを操作する（本田技研工業株式会社, 2021、本田技研工業, 2021）。レベル3相当の自動運転走行が可能である一方で、その機能の使用は渋滞時の高速道路のみと限定的である。

2）中国における自動運転車の事例

「中国のgoogle」と呼ばれる巨大プラットフォーム企業Baidu（百度）は、大規模な自動運転開発プロジェクト「アポロプロジェクト」を主導している。アポロプロジェクトに参加する企業は90を超え、中国企業のみならず米フォード・モーターや独ダイムラー、米エヌビディア、マイクロソフト、インテルなどの自動車メーカーやIT企業が参加し、完全な自立走行の自動車の開発を目指している。

中国では、レベル4相当のBaidu（百度）の自動運転タクシー「アポロムーン」の運行が2022年に開始された。アポロムーンの製造コストは1台あたり48万元（約870万円）であり、高い開発・製造能力及び強力なサービス展開能力を有している。今後3年間で1000台の生産を目指しており、北京市や上海市、広東省、重慶市などで運営を開始する方針となっている（KrJapan, 2021）。

既に複数の都市の公道で運用しており、本格的な商用化に向けて事業展開を始めている（北京日報, 2021）。しかし、走行にはドライバーの同乗が必要であり、自動運転走行が不可能な環境下では乗車しているドライバーが運転をしなければならないなど、レベル4走行が実現しているとは断言できない（北京日報, 2021）。

一方、社会実装に向けたサービスは開始されている。Baidu（百度）の自動運転車は配車アプリ「萝卜快跑」で行い、アプリで配車を依頼すると数分で乗車地に到着し、車内のタッチパネルに携帯番号の下4桁を入力すると目的地まで走行する。また、自動運転システムに問題がある場合は遠隔運転代行サービス「5Gクラウド運転代行」に切り替え、遠隔でスタッフが運転する仕様になっている（百度, 2021）。

このように、日本と中国における自動運転車の事例を比較すると、自動運転車の走行レベルには大きな差は見られないが、製造台数や試運転の段階では中国の社会実装に向けた取り組みは日本より進んでいると考えられる。

2-3　課題と仮説の提示

本節では日本と中国の自動運転車における現状を考察したうえで、日本の自動運転車産業の課題を提起する。これまでの事例で述べたように、日本の自動運転車産業は、中国に比べて社会実装に向けた動きが遅いことが課題として挙げられる。そこでこの課題の解決策として、中国における市場環境、政府の政策、自動運転車の生産をめぐる分業構造の観点から、学ぶべきと思われる点を列挙する。

中国政府は自動車産業を含めた様々な産業を強化することを目的とし、2015年に「中国製造2025」という産業政策を発表し、製造強国を目指す指針を提示した。また、中国の自動車産業における生産方式は、日本の分業構造とは異なる点が日中間の産業方式における相違として考えられる。

そこで、政府による産業政策並びにメーカーの開発・生産体制の相違が、自動運転車の社会実装において、日本が後れを取っている要因ではないかという仮説を立てた。そこで、次章から日中の自動運転産業の開発体制の比較を行い、中国の市場環境、自動運転車の生産方式といった開発体制から日本での自動運転車の社会実装を加速させるヒントを探っていき、日中の比較を通じて検証を行う。

三、比較研究

3-1　政策

日本と中国では自動運転車に対する考えがそれぞれ異なる。日中両国の政府が打ち出している政策、方針を比較し、自動運転車に対するアプローチを比較する。

日本の官民連携による戦略的イノベーション創造プログラム（SIP）は国民にとっての社会的な課題を掲げ、日本の経済・産業競争力にとって重要な10の課題に取り組んでいる。その対象課題の一つに自動走行システムがあり、日本政府としても自動走行システムの実現は社会的にも大きな価値があり、産業発展に大きく寄与するという認識を持っていることが窺える。戦略的イノベーション創造プログラム（SIP）自動運転（システムとサービスの拡張）研究開発計画によると、自動運転の実用化と社会普及は交通事故の低減、交通渋滞の削減、交通弱者の交通の確保、物流・移動サービスのドライバー不足の改善・コスト低減といった課題が解決されることが目標となっている。また、レベル5の自動運転車の実現は、自動運転技術の進化が目覚ましいものの、未だに技術的なハードルの高さや、交通環境が複雑で自然災害や気象の変化が大きい日本では難しいとされている（内閣府, 2022）。

加えて「官民ITS構想・ロードマップ2020」では、日本における自動運転車の社会実装に向けた計画が記されており、日本は自家用車において、2020年までに一般道路におけるレベル2自動運転車の運転支援の市場化、高速道路におけるレベル3自動運転車の市場化を経て、2025年からの高速道路におけるレベル4自動運転車の市場化を目指している（高度情報通信ネットワーク社会推進戦略本部・官民データ活用推進戦略会議、2020）。

こうした政策の下、ホンダでは、2020年に自動運行装置を搭載したレベル3システムの自動運転車について、自動車技術総合機構交通安全環境研究所による保安基準適合性の審査を通過し、国土交通省による形式指定を受け、トラフィックジャムパイロット（渋滞運転機能）を搭載した自動車を販売した。この自動車は、高速道路や自動車専用道路で渋滞時に運転者が操作することなく車が進むシステムであることから、ホンダのレベル3自動運転車の販売は、官民ITS構想・ロードマップが着実に進んでいることを裏付けるものでもある。また、日本で自動運転車を実用化するためには、走行可能条件を満たしたときにのみ自動運転ができるシステムにすることが必要条件となる（本田技研工業株式会社, 2020-11-11）。

一方中国では、2012年に初めて「国家スマートシティ（区市町村）試行指数制度」でスマート交通についての概要が発表された。2017年9月、工業信息部は中国初のスマート交通に関して、特別政策である「スマート交通のための行動計画（2017-2020）」を発表し、ITS（高度交通システム）のレベル向上、ITSの発展加速、都市・地方・農村・旅客交通のITS化の適用を強く推進する方針を打ち出した。2019年9月、国務院は「交通強国建設綱要」を発表し、ビッグデータ、インターネット、人工知能、スーパーコンピューティングなどの新技術と、交通産業の融合を促進することを発表した。データ資源を活用してスマート交通の発展を強く進めており、交通インフラネットワーク、交通サービスネットワーク、エネルギーネットワーク、情報ネットワークの統合を加速させる方針を打ち出している。これらの政策を通じ、高度な交通情報インフラを構築し、総合的な交通データセンターシステムと融合することで、公共交通機関と電子分野でより高い次元への発展を目指している。また、国務院は2020年12月に、「中国交通の持続的発展」を発表し、スマート交通の構築により、デジタル経済と共有経済の発展を促進し、総合交通ネットワークの効率性を高め、新しい交通エコシステムを構築することを提案している。

2022年3月、交通運輸部と科学技術部が共同で交通運輸分野発展のための「第14次5カ年計画」を発表した。同時期に発表された「中華人民共和国国民経済・社会発展第14次五ヵ年計画および2035年までの長期目標綱要」においても、交通領域における科学技術やイノベーション計画が打ち出され、スマート交通を大いに発展させ、クラウド、ビッグデータ、IoT、モバイルインターネット、ブロックチェーン、人工知能などの新世代の情報技術と交通分野との融合や、北斗の人工衛星技術を応用し、促進させることでスマート交通の試験運用開始を提唱している（舒雪清, 2022）。

政策面でも、中国は交通のスマート化、車を取り巻く環境のスマート化が提唱されている。他方、日本では現在抱えている交通問題解決のための自動運転化推進が主目的であることからも、日中両国での自動運転車に対する政策面の方向性には大きな違いがあることが判る。

3-2 生産方式

本節では日本と中国の自動車の生産方式に関して比較を行う。日本では従来の自動車産業で用いられている垂直統合型のモデルが主流である。内閣府が発表した戦略的イノベーション創造プログラム（SIP）の一環として、DIVP（Driving Intelligence Validation Platform）コンソーシアムが発足した（内閣府, 2022）。このコンソーシアムには、トヨタ自動車をはじめとする自動車メーカーの他に、大学やパナソニック、またソニー、日立などの子会社などが参画している。一方で、中国ではIT大手のBaidu（百度）が自動運転車の開発を担うアポロプロジェクトを進めている。これは中国の科学技術部が発表した「国家次世代AI開放イノベーションプラットフォームリスト」の中で、自動運転開発の担当企業として百度が指名されていることからも判る通り、自動運転車の開発においては、IT技術を得意とする企業との連携が必要不可欠であることの証左でもある。

以上から、日本では自動車メーカーと政府の主導の下、自動運転開発がなされている状態であり、IT企業が主導で行っている動きは活発とは言い難い。また、日本は各自動車メーカーが自動運転車を開発する傾向がある。それに対して、中国ではITを得意とする企業が自動運転車開発を主導しているため、自動運転車開発を促進しやすい環境にある。

四、総括

4-1 研究の総括

日本と中国を比較すると、技術面に関しては両国ともにレベル3、4相当であることから、大きな差は現れてはいない。しかし、政策や市場環境といった外部要因の比較から、開発段階や実証に向けた動きにおける違いは明らかである。

また自動運転車開発の目的に関して、中国ではスマートシティ構想の実現に向けた取り組みがなされており、都市部での自動運転車の走行が行われてきた。それに対して、日本では事故や渋滞といった交通問題の解決を目的に自動運転車の開発に取り組んでいるなど、日中の違いが見られる。また、一般消費者・自治体・企業などの意識が両国で異なり、国のバックアップ体制にも根本的な違いがある。

自動車の生産方式の面でも、中国ではBaidu（百度）の存在が自動運転車開発に大きな指導力を発揮しているが、日本では自動運転車の普及においてBaidu（百度）に相当する推進役が明確に定まっているとは言いがたい。自動運転車の開発は、単独の企業や産業で展開しうるものではなく、日本でも産官学の協力体制とその歩調が明確に定まれば、普及拡大への視界が開けてくるであろう。

4-2 今後の自動運転車に対する提言

中国では、政府の政策が民間企業による開発を促進するカギとなっている。中国科学技術部は「国家次世代AI開放イノベーションプラットフォームリスト」の制定も推進しており、同リストは分野ごとにリーディング企業の選定を行っている。自動運転開発分野に関しては政府がBaidu（百度）を指名し、開発促進を付託している（真家陽一, 2021）。この点では、日本にも同様の取り組みはあるものの、普及に向けた効果に鑑みれば、やや出遅れている感があることが窺われ、中国式から学べる点が少なくない。

自動運転実現のためには、車・道路・クラウドの連携が不可欠である（田中信彦, 2022）。その点、中国は官民が連携して自動運転実現に向けて取り組んでおり、自動運転走行実現に向けたインフラ整備を行うための体制も整えやすい。一方、日本は官民の連携はあるものの、中国と比べるとその強度は劣っているように思われる。これらの要因から、日本での自動運転車普及に向けた動きの第一歩として、中国の開発体制から学ぶものがあるのではないか。昨今の日本の風潮は、ややもすると中国への対抗意識が強くなり、日本国内のみの内向き傾向が見られるが、もはやその姿勢に無理があることを自省するときではなかろうか。まさに中国式と日本式の長所を互いに学び合うことによる相乗効果が求められていると考える。

参考文献

（日本語文献）
本田技研工業株式会社（2017）「中国のSenseTime社と、自動運転のAI技術に関する共同研究開発契約を締結」（最終閲覧日：2022年10月31日）
https://www.google.com/url?q=https://www.honda.co.jp/news/2017/c171207c.html&sa=D&source=docs&ust=1666793840073474&usg=AOvVaw0I2YfXJ7Tyrs7j7B7yIYnZ
本田技研工業株式会社（2018）「Hondaがクルーズ・GMと無人ライドシェアサービス用車両の開発で協業」（最終閲覧日：2022年10月31日） https://www.google.com/url?q=https://www.honda.co.jp/news/2018/c181003.html?from%3Dnewslink_text&sa=D&source=docs&ust=1666794997083902&usg=AOvVaw2vi_0V2VG9NqMdbsznMmXe
本田技研工業株式会社（2020-11-11）「自動運転レベル3 型式指定を国土交通省から取得」（最終閲覧日：2022年10月31日） https://www.honda.co.jp/news/2020/4201111.html
国土交通省（2020）「官民ITS構想・ロードマップ2020」
https://www.mlit.go.jp/report/press/content/001371533.pdf
高度情報通信ネットワーク社会推進戦略本部・官民データ活用推進戦略会議（2022）「官民ITS構想・ロードマップ2020」（最終閲覧日：2022年10月31日）
https://cio.go.jp/sites/default/files/uploads/documents/its_roadmap_2020.pdf
本田技研工業株式会社（2021）Technology機能編 Honda SENSING Elite 特設サイト（最終閲覧日2022年10月31日） https://www.honda.co.jp/hondasensing-elite/function/
本田技研工業（2021）「自動運転技術の取り組み」（最終閲覧日2022年10月31日）
https://www.honda.co.jp/automateddrive/auto/
KrJapan（2021）「バイドゥ、無人自動運転車Apollo Moonを発表今後3年間で1000台生産を計画」（最終閲覧日：2022年10月31日） https://36kr.jp/141208/
真家陽一（2021）「中国の人工知能（AI）政策と日本企業の戦略の方向性」（最終閲覧日：2022年10月31日） https://www.iti.or.jp/kikan125/125maie.pdf
内閣府 科学技術・イノベーション推進事務局（2022）「戦略的イノベーション創造プログラム（SIP）自動運転（システムとサービスの拡張）研究開発計画」（最終閲覧日：2022年10月31日）
https://www8.cao.go.jp/cstp/gaiyo/sip/keikaku2/4_jidosoko.pdf

警察庁「特定自動運行に係る許可制度の創設について」(2022)(最終閲覧日：2022年10月31日)
https://www8.cao.go.jp/cstp/gaiyo/sip/iinkai2/jidosoko_18/siryo18-3.pdf
田中信彦（2022）「方向転換する中国の自動運転「クルマ単体」から道路、社会と一体化した『車路協同』へ」(最終閲覧日：2022年10月31日)
https://wisdom.nec.com/ja/series/tanaka/2022072201/index.html#anc-01

（中国語文献）
百度Apollo率先取得北京商業化服務试点许可、“萝卜快跑”迎来商業化第一单！（2021）（最終閲覧日：2022年10月31日）
https://baijiahao.baidu.com/s?id=1717370379707514053&wfr=spider&for=pc
北京日報（2021）「北京開放自動駕駛出行商業化试点」(最終閲覧日：2022年10月31日)
http://www.news.cn/local/2021-11/28/c_1128108187.htm
舒雪清（2022）「2022中国智慧交通政策分析：国家政策為“智慧交通”发展保駕護航」(最終閲覧日：2022年10月31日） https://mq.mbd.baidu.com/r/OUBiAzH9TO?f=cp&u=272557e9f5730fca&urlext=%7B%22cuid%22%3A%22g8298gP62igMaH8PguHMijuFSil1u2unla2vag8TSuj6OSi0_P2Nflfr1P5itWOdY9-mA%22%7D
AI商業的雪球專欄（2022）「自動駕駛商業化提速、多地“比拼”開設试点応用」，雪球（最終閲覧日2022年10月31日） https://xueqiu.com/1062841828/231155218

中国のフードデリバリーから見る「民間レベルの日中関係」

青山学院大学国際政治経済学部国際コミュニケーション学科（3年）
有次里咲、一瀬知恵、小澤眞有、小谷野浩太、坂田濡司、櫻庭駿介、趙哲瑋、山口杏菜

はじめに

近年、多くの国では新型コロナウイルスによって新たなライフスタイルが出現し、その影響によってデリバリー市場が拡大しているのは間違いない。日本においてもその現象は同様だが、中国においてはさらに顕著である。

しかし、中国のデリバリー市場には多くの問題点がある。特に、労働者の雇用環境はとても悪く、日本では見られない遅配によるペナルティを避けるために交通違反を行ってしまう配達員もいる。

そこで、私たちは拡大する中国のフードデリバリー市場に着目し、その問題点と原因を細かく分析し、その改善とともに政府を介さない「民間レベルの日中関係」がどのように中国に、あるいは日本に機能するのかを考察する。

一章では、中国のフードデリバリーの現状と背景について述べ、二章では中国での課題について考え、その原因を見つけ出す。原因の詳細については特に労働者を対象として三章で分析し、四章でその改善のため理想となるデリバリーの形を日本との比較をしつつ見つける。最後にまとめとして、今後の日中関係における理想の形態について述べる。

一、中国のフードデリバリー市場の現状と背景

1-1　両国のフードデリバリー市場の現状

2019年に4,000億円程度だった日本国内のフードデリバリー市場規模は、2021年には約2倍の8,000億円に膨らみ、2022年内には1兆円を突破する見込みである。一方、中国の同市場の規模はその比ではない。中国の調査会社である艾瑞咨询の統計によると、中国のデリバリー市場の売上は2019年には6,356億元（約13兆円）を記録し、2015年の491億元と比べて約13倍に伸びている。また、CNNICによれば、2021年時点でインターネットを介したフードデリバリーユーザー数は、5億4,400万人に達したという。その後のコロナ禍による影響で、近年は売上・ユーザー数ともにさらに規模を拡大しているであろうことは容易に予想できる。また、そういった通常でない事態の中で、ラストワンマイルを担うフードデリバリーの存在が、外食産業や一般市民にとって大きな役割を果たしていることは想像に難くない。さらに、流行下の非接触思考によってフードデリバリーボックスなども開発され、配達員や消費者に安全と安心を提供した。

1-2　発展の背景

コロナ禍前の中国のフードデリバリー市場の急速な発展に注目すると、その背景には主に2つの要因があると考えられる。1つ目は、インターネット上の取引の普及と円滑化に伴い、フードデリバリーにおける商品の注文・決済・配達の一連の流れが、スマホによって容易に成し遂げられるようになったことである。中国におけるインターネットを利用した消費者サービス市場の総取引量は、年々急速な増加傾向にある。経済産業省の電子商取引に関する市場調査の報告書によれば、同国内のEC市場規模について、「……2021年度の中国におけるEC市場規模は2兆4,886億USドルであり、前年比で15.0%の増加であったと推計されている。今後もEC市場は拡大傾向であるとされ、今後の予想として、2025年にはEC市場規模は3兆6,159億USドルとなると想定されており、前年比8.0%の増加が見込まれている」と述べられている。このようにEC市場の拡大に伴い、インターネット上で新たな形態のサービスを提供することが可能になった。飲食店と配達員、そして消費者という三つの主体が関わるフードデリバリーの一連の流れが確立され、効率化がなされたのである。加えて、アリペイやWeChatペイといったキャッシュレス決済の普及も、市場発展に貢献していると思われる。2つ目の要因

としては、大手企業の参入による市場の成長加速である。現在市場シェアの多くを占めている企業の中でも、美団は他に先駆けて事業を展開し、2010年の美団点評設立以来、現在に至るまで多くの事業とその拡大に成功している。同社のホームページによると、2017年時点での年間取引額は3,570億元、プラットフォームでの取引件数は58億件を突破したという。その後の生鮮マーケット事業への参入や、自転車シェアリングブランド「Mobike」の買収を通し、現在に至る充実したサービス提供を実現させ、2019年第三四半期時点で市場シェア66％と、業界内最大を誇っている。飲食店側も消費者側も、すでに確立された広範囲ネットワークやアプリシステム、高い知名度を持つ企業を販売や購入のパートナーとして選択しがちであるため、美団のような巨大企業にとって、フードデリバリー市場での加盟店や消費者獲得面で非常に有利である。市場への新規企業参入は厳しくなる一方で、既に台頭している企業が自社のサービスの拡充を行うことを可能にし、それに伴って業界の規模の拡大も進むというわけである。

二、中国フードデリバリー市場における課題と原因

2-1 中国フードデリバリー市場における問題点

現在、中国フードデリバリー市場で大きな問題となっているものを2つ挙げる。

1つ目は商品の配送状態が悪いという問題であり、具体的には届いた商品が散乱していた、もしくは形が崩れていたなどの事例である。この問題の要因の多くは、配達員側が商品を乱雑に扱ったり、散乱することを気にせずに配達することによるものである。最悪の場合、完全に容器外に出てしまった食べ物を再び戻し、注文者に渡す事例も見られる。これはただ見た目が悪いというだけでなく、異物混入が起こる可能性もあり、食の安全を脅かしかねない。また、フードデリバリーにおいては、配達のスピードに加えて食品の衛生面も重要視されることが多いため、この問題は顧客の満足度の低下にも繋がっている。2つ目は配達員の交通違反による事故の多発である。上海市公安局によると、2017年上半期の上海市内のフードデリバリー関連による交通事故死傷者件数は76件であった。2.5日に1件と言い換えればその重大さが分かるだろう。他にも、四川省成都では、2018年の7か月間に約1万件の交通違反と196件の事故が発生し、死傷者件数は155件に上った。この内、デリバリー配達員による交通事故は、全体の交通事故件数の4分の1をも占

めている。

では、日本はどうだろうか。警視庁によると、2019年度の東京都内における業務上の自転車運転者が関係する交通事故は562件あり、過去5年間で1.5倍になった。全国の自転車による交通事故数は減少している一方で、都内では上昇傾向にあるのだ。このことから、日本でも同じように配達員による事故が問題となっていることがわかる。上記の中国と日本のデータは、人口や交通状況などが大きく異なるため、単純に比較するのは難しい。そこで、割合を元に考えてみると、警視庁による2019年度の都内における自転車事故の総数は13,094件であり、562件は約4%にあたる。一方、中国では上述したように全体の4分の1、つまり25%となっている。こう考えると、中国の数値が異常に高いことが判る。

2-2 問題を引き起こしている原因

なぜ中国ではこのような問題が多発しているのだろうか。

その原因は企業の配達員に対するペナルティ制度にあるのではないだろうか。大手フードデリバリー企業である餓了麼と美団の2社は、決められた時間内に配達ができなかった際、その配達員から罰金をとるというペナルティ制度を導入している。これらの企業では、注文受付後30分以内の配達を目標としており、AIが交通状況を踏まえて、最適な位置にいる配達員を自動的に選出し、仕事を振り分けるというシステムを取っている。しかし、実際には交通状況とのずれや小さなトラブルなどにより、30分以内に配達できない場合も往々にして存在する。そのような場合でも、理由の如何に拘らず担当の配達員は罰金の対象になるのである。具体的には12分以上の遅れで30元、苦情が入ると200元も引かれるそうだ。生活費の大部分をフードデリバリーで稼いでいる多くの配達員は、罰金の発生によって給料が低くなることを恐れており、制限時間内に配送するために、やむをえず逆走や信号無視などの交通違反を行ってしまう。そして、これらのルールを守らない配達により、多数の事故が起きているというわけだ。商品の配送状態の問題に関しても、原因は同じである。配達員は商品の状態よりも、ペナルティを受けないことをより重視している。そのため、乱暴な扱いにより、商品が散乱したり、容器からはみ出たりといったことが起こる。仮に配達途中で気づいたとしても、新しい商品を取りに行く時間的余裕もない。「とにかく急がなければいけない」という配達員の思考が、2つの問題を引き起こしているのである。

三、ペナルティ制度の背景

3-1 戸籍制度について

それでは、なぜこのような問題が生じているのだろうか。私たちは主に三つの理由に着目した。まず、1つ目の理由は、中国のフードデリバリーに従事する労働者の多くが、地方出身の農村戸籍者という点である。中国のフードデリバリー最大手の美団では、従業員約270万人の内、農村出身者が約77％を占めており、この内約67万人は貧困地区出身者とのことだ。この点を提示したのは、中国の格差の象徴である戸籍制度との関連性を有すると思われるためだ。中国では、戸籍制度により農村戸籍と都市戸籍に分けられており、各々処遇が異なることから、地方と都市には大きな経済格差が存在し、都市部では地方出身者に対する差別が存在する。したがって、フードデリバリーに従事する農村出身者が軽視されてしまう状況が多発している。雇用主と労働者の関係が平等でないため、企業が労働者に無理なノルマを与え、それを達成できないと、罰金や資格剥奪という厳しいペナルティ制度が課されてしまう。また、経済格差が生じた結果、都市部では大学試験に備えて充実した教育を受けられる一方で、農村では教員が足りず、低所得のため学校に通えないなど、満足のいく教育が受けられない。長期間、学歴偏重主義が続く中国では、学歴も低く、職業訓練を受けていない農村出身者は、就業の選択肢が少ないためフードデリバリーで生計を立てようとする。そして、フードデリバリーの賃金は、基本給と、配達量に基づく歩合給で決まるために、彼らはたくさん配達することで生活費を稼ごうとし、急いで配達を行うあまり、危険運転につながっている。

3-2 責任の所在について

2つ目の理由は、企業が配達における問題の責任を取ろうとしないことである。同じくフードデリバリー人気が高まっている日本では、遅配や料理の破損が発生した場合、すぐに資格剥奪や罰金が課されるのではなく、ミスが複数回発生した場合にのみペナルティが課される。つまり、労働者のミスであっても、最初の数回は企業が責任を取っているのだ。一方、責任の所在を明らかにすることを重要視する中国人の国民性も関係するのか、中国では問題が発生したらすぐに当該労働者に対して資格剥奪や罰金などの厳しいペナルティが課される。上記から分かるように、配達上の問題で企業の評価が下がった場合、中国では企業がその責任を負うのではなく、労働者が個人として責任を負わなければならない。つまり、中国の企業は、生計を立てる必要がある労働者を犠牲にし、厳しいペナルティ制度を課すことで企業の評価とサービスの質を維持しようとしている。

3-3 徹底的な利益追求

3つ目の理由は、企業側による徹底的な利益追求にある。配達の過程で問題が生じ、利用客に返金をする、または新しい料理を配達しなければならない場合、金銭的な損失が発生するが、これらの損失は配達員が負担することになっており、企業が損失を負わないシステムが確立されている。例えば、配達員は保険に加入していないことが多く、命を懸けた危険な業務にもかかわらず、十分な保障を受けられない。その上、下請け企業に雇用されている場合は、給料すら滞納されてしまうこともある。企業側が配達員に往々にして無理のあるノルマを与え、効率的な配達を求めていることからも分かるように、企業の極端に利益に重きを置く姿勢がペナルティ制度に表れているとも考えられる。つまり、中国では農村出身者は簡単に代替可能な存在として扱われ、彼らの権利より企業の利益が重要視されているのだ。これらの背景から、中国の社会構造における根深い差別問題や、企業と労働者の不平等な関係といった問題を窺い知ることができる。

四、フードデリバリーを通した日中比較

4-1　日本から中国へ提案できること

まず、中国のフードデリバリーの問題より、日本から中国に提案できることを2つ挙げる。1つ目は、現在中国で導入されている遅配による罰金の制度をなくすことである。日本の大手フードデリバリー企業の出前館やUber Eatsは、一度目のミスに関しては口頭での注意から始まり、ミスの回数を重ねることでアカウント停止などが課される。一方で、中国では遅配の場合、企業側は罰金の支払いを配達員本人に課している。このため、中国では配達員がスピードを意識するあまり、最悪、交通事故という『死』と隣り合わせの労働に従事しているのである。注意喚起などの段階的措置を導入している日本のフードデリバリー市場は正常に機能しており、また、消費者側の満足度も一定程度確保できていることから、私たちは配達員に対する罰金支払い制度を撤廃するべきであると提案する。

2つ目は、配達員の賃上げを実施することである。日本の出前館やUber

Eatsでは、配達距離や時間帯、天気によって報酬が変動する給与形態をとっており、配達員の1件あたりの報酬単価は550円前後となっている。一方で、中国では1件当たりの配達で平均5.8元（日本円で約120円）の賃金が支払われる。賃金の低さにより、中国においては配達員がより多くの賃金を得るために長時間労働に繋がっている。中国の配達員の半数は1日10-12時間労働となっており、配達員の21.4%の労働時間は12時間以上に及んでいる。更に中国では、配達員の48.9%が週に一度しか休めない状況に置かれているなど、労働環境が整っていない状況にもかかわらず、労働環境の改善に取り組んでいるようには見えない。餓了麼を運営するアリババのジャック・マーCEOは、朝9時から夜9時まで働き、1週間6日勤務を意味する『996出勤制度』を提唱しており、他の企業でも配達員の長時間労働問題への改善の取り組みはなされておらず、ますます深刻化する状況となっている。よって、賃金の引き上げが長時間労働改善の一歩になるのではないだろうか。現状としては、上海の最低賃金はひと月あたり2,590元（日本円でおよそ53,144円）であり、月30日働くとすれば、中国の配達員が最低賃金を上回る賃金を得るために1日に配達しなければならない件数は、

「1件あたり平均5.8元 × 1日あたりの件数a × 30日 ＝ 2,590元

a = 14.8850575」

となる。つまり、1日最低14件以上という多くの配達件数をこなさなければならないことがわかる。配達員も消費者と変わらない一人の人間であることを念頭に入れ、彼らの安全と健康面のためにも賃金等を柔軟に変更していくべきであろう。

4-2　中国から日本に提案できること

ここまで日本から中国に提案できることを挙げてきたが、中国から日本に提案できることもある。それは配達員用休憩ラウンジの導入だ。日本のフードデリバリーの問題は、配達員の休憩場所の少なさだ。注文が入るまで配達員は基本的に待機しなければならない。公園や街のベンチに座って待機することはできるが、天候や気温によって外で待機するのが困難な場合がある。また、飲食店などに入って休憩する場合も、配達用の自転車やバイクを停める場所を探すのに一苦労かかる。このような配達員の休憩場所の不足を解決するために、中国のように配達員用休憩ラウンジを導入すべきである。中国ではこのラウンジに簡単な設備・備品が揃っており、配達に欠かせないスマートフォンの充電・通信環境も整っている。以上のように、日本では配達員

が多く集まる大都市に、配達員のためのラウンジや専用の駐輪所を設けることで、配達員の労働環境をよくすることができる。

4-3　中国国内における問題点

最後に、中国国内におけるフードデリバリー利用者による配達員への差別的な扱いから見えてくる問題点を紹介する。三章で述べたように、中国においてフードデリバリーに従事する労働者の多くは、貧しい地方から出稼ぎにきた若者たちだ。中国において、フードデリバリー利用者が配達員のことを見下し、差別的扱いをすること、例えば、配達が遅れた配達員に対して、腹を立てた利用者が暴力を振るうような事例が起きている。一方、日本においても、暴力とまでいかないが、配達員への差別的扱いはあり、日中ともにフードデリバリー配達員に対する差別は存在している。

しかし、私たちは日中における配達員に対する差別意識の根底には相違があると考える。日本における差別は、フードデリバリーという職業に対する職業的差別であるが、中国はフードデリバリーの配達員が農村戸籍であることに対する属性的差別である。その原因は配達員の属性に由来し、日本では20～50代まで様々な年齢の人々が配達を行い、職業も学生やフリーター、会社員などで構成される一方で、中国では大半が貧しい地方出身の農村戸籍の若者によって構成されており、特別なスキルを持たない彼らが従事できるのがフードデリバリーなのである。

上記のように、配達員への差別意識は、中国が抱える戸籍による格差という現実問題に起因するものであり、日本のフードデリバリーと比較して単純に改善の提案をすることが難しい。そのため差別を改善するには、農村戸籍が不利となる中国の社会構造を抜本的に見直さなければならないだろう。

日中のフードデリバリーをより理想形に近づけるためには、両国共に参考にできる点があり、改善の余地が十分にあることがわかった。その一方で、配達員への差別意識は日中ともに存在している。とりわけ中国においては、国が抱える戸籍制度に起因するものであることが日本との比較の上で見えてきた。

おわりに

本論文では、中国において市場規模が急速に拡大しつつある「フードデリバリー」に着目し、日中比較を交えつつ主要な問題の指摘・解決策の提案を行ってきたが、本来このような作業は企業が主体となって行うことが望ましい。なぜなら、日中両国の企業がオープンかつ対等に双方の市場の実態を比較し、お互いの問題を指摘し合い、その解決策を提案し合い、時には自国での成功例を共有することで、両国の企業の成長や市場の拡大・改善に繋がると考えるからだ。相手国からの指摘により、自国では気付き得なかった問題に対する新たな気付きが特に有益であると考える。そして、このような「民間レベルの日中関係」は、政治的・社会的な改革にも資する可能性を秘めているのだ。例えば今回、中国のフードデリバリー市場における問題について考察を進めていく中で、根本的な原因の１つとして戸籍制度が浮かび上がってきたが、もし日本企業が中国企業に対して、中国のフードデリバリー市場における問題点を分析し、指摘した場合には、戸籍制度の問題が顕在化することを意味する。そして、これが契機となり、中国国民に戸籍制度の問題性が再認識されるようになり、同時に戸籍制度についての不満が募るようになれば、中国政府は戸籍制度の改革に対してより意欲的になるかもしれない。この意味でも、「民間レベルの日中関係」は、政治的・社会的な改革に繋がる可能性があるといえる。現在の中国政府が実際に民意を政策に反映するかどうかは定かではないが、戸籍制度についての問題意識が政府内部で強まることは確かであろう。

今後の日中関係においては、両国の効率的な経済発展という目的のために、両国の企業が双方の市場の問題を指摘し合い、解決策を提案し合い、有益な情報を提供し合うという「民間レベルの日中関係」が確実に推進されるべきである。そして、この「民間レベルの日中関係」の形態は、両国に経済的利益をもたらすだけでなく、政治的・社会的な問題点の是正にも寄与し得るという点から、その重要性は非常に高いと考える。

参考文献

中国飯店協会「2020-2021年中国外売行業発展研究報告」、2021年5月（2022年10月24日閲覧）（2022年10月24日閲覧）
http://www.globalhha.com/doclib/data/upload/editor/620f73e866aee.pdf
警視庁「自転車事故の推移（2019年中）」、2020年1月10日（2022年10月24日閲覧）
https://www.keishicho.metro.tokyo.lg.jp/about_mpd/jokyo_tokei/tokei_jokyo/bicycle.files/001_01.pdf
日本損害保険協会「自動車事故の発生状況」、2021年8月20日（2022年10月24日閲覧）
https://www.sonpo.or.jp/about/useful/jitensya/stats.htm
艾瑞「2015-2019年中国外売收入及増速」、2021年10月
艾瑞咨询（iresearch.com.cn）（2022年10月24日閲覧）
美団「发展历史」、2022年（2022年10月24日閲覧）
https://about.meituan.com/details/history

浦銀国際「Meituan Dianping（3690.HK）: All-around Player in LBS」、2020年6月10日（2022年10月24日閲覧） http://www.spdbi.com/getfile/index/action/images/name/5f1f924961e6a.pdf

経済産業省 商務情報政策局 情報経済課、「令和３年度 電子商取引に関する市場調査 報告書」、2022年8月（2022年10月24日閲覧）
https://www.meti.go.jp/press/2022/08/20220812005/20220812005-h.pdf

前瞻産業研究院「2019年中国外売行業市場現状及发展趨勢分析 生活到家服務或将引発多産業変革」、2019年10月15日（2022年10月24日閲覧）
https://bg.qianzhan.com/report/detail/300/191015-1d6bc4cf.html

中国互聯網絡信息中心「CNNIC发布第49次《中国互联网络发展状况统计报告》」、2022年2月25日（2022年10月24日閲覧） http://www.cnnic.cn/n4/2022/0401/c135-5314.html

ニューズウィーク日本版「安全よりスピード重視 中国、食事のデリバリーブームで事故急増」、2017年10月3日（2022年10月24日閲覧）
https://www.newsweekjapan.jp/stories/world/2017/10/post-8566.php

あなたの静岡新聞「料理宅配業競争激化 配達員“暴走”する中国」、2020年10月17日 https://www.at-s.com/news/article/n-toku/partner/820522.html（2022年10月24日閲覧）

西日本新聞「料理配達員の過酷労働、中国で問題に「逆走や信号無視をしないと…」」、2020年9月20日 https://www.nishinippon.co.jp/item/n/646633/（2022年10月24日閲覧）

Hatena「デリバリー中に汁物があふれた！配送員が自腹を切るという大きな問題」、2021年5月21日 https://tamakino.hatenablog.com/entry/2021/05/21/080000（2022年10月24日閲覧）

PRESIDENT Online「死亡者が多発する「究極の3K」…中国・配達ドライバーの恐ろしすぎる実態」、2020年4月23日（2022年10月24日閲覧） https://president.jp/articles/-/34770?page=2

王家熙、大島一二「中国における「新世代農民工」の現状及び就業選択に関する分析」、桃山学院大学経済経営論集、2021年1月、p.1-16

和して同ぜず：雅楽「太平楽」の生成と変容

北京大学外国語学院
日本言語文化系博士課程4年
向偉

はじめに

2019年5月1日、徳仁親王が第126代天皇に即位され、これをもって「令和」への改元となった。10月22日、徳仁天皇の即位礼「正殿の儀」が行われた後、皇族方も外国賓客も皇居の豊明殿で催された祝宴「饗宴の儀」に出席し、宮内庁楽部による雅楽の演奏会を鑑賞された。その中で「太平楽」は1868年の明治天皇即位礼以来、祝賀式典に欠かせない演目として演奏された。かつて日本駐在清国参事官の黄遵憲は雅楽「蘭陵王」と「太平楽」を鑑賞した後、「楽奏太平唐典礼、衣披一品漢官儀（楽は太平の唐の典礼を奏し、衣は一品の漢の官儀を披く）」[1]と絶賛し、この二曲が唐から伝わったと考えた。

近年、中国楽舞と日本雅楽の影響関係についての研究[2]はますます盛んになっているが、「太平楽」に関する研究成果はまだ少ないようである。また、「日本雅楽は生きた化石である」[3]という通説のように、先行研究は現存楽書で日本雅楽の中国要素と典拠を探ろうとする傾向にある。したがって、作品の通時的変化はあまり考察されず、日本雅楽は唐代楽舞の原形を表すと見なされがちである。実際に、日本の楽書は非常に複雑なものである。舞楽の演奏形態に関する記録は家族からの口伝または直接の見学経験による客観性の高いものである一方、「雅正の楽」としての意義を豊かにするため、楽書が記した演目の典拠には牽強付会の論もある。本稿は演目の典拠を本事と呼び、その典拠にまつわる言説は本事譚とみなしている。勿論、その言説は構築された結果であり、歴史的文脈から切り離すこともできないと考える。それゆえ、作品の生成を論じる際に、本事譚を演目の由来と断定せず、慎重に検証する必要があると思われる。

本稿では、雅楽「太平楽」生成と変容の過程を導入期（9世紀以前）、過渡期（9世紀から16世紀まで）、安定期（16世紀以降）の3段階に分け、舞楽伝来、演奏形態及び本事典拠に注目し、雅楽「太平楽」と中国楽舞との関係を考察してみる。

一、導入期：「太平楽」の伝来と日本化

一般的に、雅楽演目の由来とその典拠は同一視されるが、実際に何の関係もない場合がある。典拠についての言説には後世に付け足されるものがある。雅楽演目の源流を明らかにするため、作品の原形に関連する史料に注目することが最も重要であろう。「太平楽」の典拠をめぐる後世の論争は後稿に譲る。

「太平楽」現存最古の記録は『続日本紀』の大宝2年（702）正月15日条「宴群臣于西閣。奏五帝太平楽。極歓而罷。物賜有差（西閣に於いて群臣を宴し、五帝太平楽を奏る。歓を極めて罷む。物賜ふに差有り）（訓読、下線筆者、以下同）」[4]にある。その時の宮廷宴会は実際に尋常ではなく、重大な意義を持つものである。前年、文武天皇は「大宝律令」を発布し、唐を全面的に模倣し、礼服の革新、雅楽寮の設立といった礼楽制度の改革を行っていた。『続日本紀』によると、宮廷宴会の前に、天皇は太極殿で群臣の朝見を受け、その時「親王及大納言已上始着礼服。諸王臣已下着朝服」（親王と大納言已上は始めて礼服を着る。諸王臣已下は朝服を着る）[5]。政治等級は礼服体系によって区別される。「始」という文字は、その時の太極殿朝会が服制改革の成果披露であったことを表す。同じく、西閣の宴会で演奏された舞楽「五帝太平楽」も新設された雅楽寮の力作であろう。この「五帝太平楽」は中日の文献に記載されず、学界では「帝」という文字が「常」の誤記であるとされ、「五常楽」と「太平楽」の組み合わせを指すと考えられる。注意すべきことは、雅楽を左方と右方に分けることは後の仁明天皇の在位期間（833-850年）正式に確立されたので、ここでの「五常楽」「太平楽」は「文以昭徳、武以象功（文を以て徳を昭す、武を以て功に象る）」という中国の文武理念に基づいて組み合わせられ、文武天皇の帝号にも合致していると筆者は考える。

日本の楽書によると、「五常楽」は唐太宗が作ったもので、「仁義礼智信」という五常が「宮商角徴羽」の五音に喩えられる。「五常楽」は典型的な文舞であるが、「太平楽」は武舞である。それに、「太平楽」も「五常楽」も序

破急を備えた舞楽として珍しい雅楽演目である。「太平楽」は「朝小子」「武昌楽」「合歓塩」からなる組曲であり、形式上、唐代燕楽(中国宮廷での宴饗楽舞。宴楽とも書く)の影響を受けたようである。以下は先行研究を踏まえた上で「太平楽」各曲の由来を検討する。

まず、雅楽「太平楽」の「朝小子」は「朝天子」に由来すると李強氏が既に指摘した。[6]唐代の宴楽は殿庭に立って演奏する「立部伎」と堂上に座して演奏する「坐部伎」の二部伎からなる。「立部伎」は「坐部伎」より人数が多く、規模も大きく、迫力がある。「朝天子」は唐代の立部伎「太平楽」が「摘遍」という手法で、即ち「天竺楽」の舞曲「朝天曲」を切り抜き、同名の小曲「朝天子」を作ったものである。それに、「天竺楽」が舞人の入退場の際に「朝天曲」を演奏したことも道行として使われた雅楽「朝小子」の機能に一致している。

破「武昌楽」について、田辺尚雄、任半塘をはじめとする学者は「秦王破陣楽」が変化したもので、破陣楽の一種と考えられている。[7]唐代の「神功破陣楽」も「小破陣楽」も「秦王破陣楽」から派生したように、日本の雅楽には「秦王破陣楽」「皇帝」「陪臚」「散手」「武昌楽」という五つの破陣楽があっても不思議ではないと考える。嘉禄3年（1227）の藤原孝道『雑秘別録』には「この舞（筆者注：秦王破陣楽）のていは四天王のやう也。古くもこの装束をして太平楽を舞ことありけり。この舞はさせるよそめのいみじからぬに。太平楽は楽も舞もこれよりはおもしろきに[8]」という記載がある。「古く」という言葉は曖昧で、具体的に指す年代は不詳であるが、作者藤原孝道の年代から遠い昔のことであろう。装束の混用が早かったので、「武昌楽」と雅楽「秦王破陣楽」は形式的に近いはずである。また、中国文献によると、唐代の「秦王破陣楽」は唐太宗の征伐を模倣した舞者120人の壮大な名曲である。恐らく日本に伝わって規模が激減した故、藤原孝道は「秦王破陣楽」が「太平楽」に敵わないと嘆いたのだと思う。雅楽「秦王破陣楽」は現在廃曲となり、伝承されていたうちに「太平楽」に取って代わられたかもしれない。

急「合歓塩」の成り立ちについて、学界ではまだ検討されていないようである。筆者は「賀朝歓」に由来する可能性が高いと考える。『旧唐書』音楽志によると、唐文宗大和8年（829）8月、礼楽儀式を管括した太常礼院が凱旋を祝う「凱楽」儀礼を提案し、「破陣楽」「賀朝歓」「応聖期」「君臣同慶楽」という4首の軍楽を挙げた。その多くは太常礼院が唐代初期から既にあった旧有歌辞を踏襲したものである。以下の抜粋は歌辞の結句である。

『破陣楽』：咸歌破陣楽、共賞太平人。
（みな破陣楽を歌い、共に太平の人を賞す）
『賀朝歓』：戎衣更不著、今日告功成。
（戎衣は更に著せず、今日にして功成りを告げる）
『応聖期』：殊方歌帝沢、執贄賀昇平。
（殊方は帝の沢を歌い、贄を執し昇平を賀う）
『君臣同慶楽』：君看偃革後、便是太平秋。
（君看よ、偃革の後、便ち是れ太平の秋。）[9]

上記の4曲は内容が近く、国家安定、君臣豊楽の思想を表し、太平の世を謳歌すると理解される。「破陣楽」「賀朝歓」の2曲は遣唐の日本人に持ち帰られ、「太平楽」と組み合わされたかもしれない。「賀朝歓」は伝承の過程で「賀歓」に脱落し、そして「塩」という文字で補われ、「合歓塩」に変化したと考える。「塩」の字が多くの中日の曲名に見え、それらを塩題曲と総称する。張建華氏は「塩」が中国西北地方の突厥語の音訳語で、曲調、歌という意味であると論証した[10]。塩題曲の特徴は快速、熱烈な舞曲に相応しいことである。したがって、組曲「太平楽」見せ場の急として、「合歓塩」は「賀朝歓」から塩題曲に変更された可能性があるのではないか。

また「太平楽」の名称について、広義的に理解したほうが良いと思う。中国では、「太平楽」が「五方獅子舞」の別称として使われる以外に、唐代の姚合『剣器詞』には「元和太平楽、古来恐応無（元和の太平楽、古くから恐らく無かろう）[11]」という詩句がある。唐代の元和年間（806―820）に見られた男子の剣舞を「太平楽」と名付けたことがわかる。また、『唐会要』では、それぞれ林鐘商（小食調）と中呂商（双調）に属する二つの「太平楽」がある。そして、唐代楽書『羯鼓録』の太簇商（大食調）にも「太平楽」が載っている。したがって、恐らく変調という現象より、複数の「太平楽」が存在した可能性は高い。唐代燕楽には功績を讃え、太平の世を祝う礼楽の機能があるので、「太平」という言葉が付いた曲名は多いようである。宋の高似孫が集録した類書『緯略』によると、唐明皇三十四曲には「一太平安舞、二太平楽安舞太平並周隋遺音、三破陣楽、四慶善楽、五大定楽、六上元楽、七聖寿楽、八光聖楽[12]」という立部八曲がある。安舞とは、「凱安舞」の略称であろうと筆者は考える。『新唐書』礼楽志は「隋有文舞、武舞。至祖孝孫定楽、更文舞曰治康、武舞曰凱安（隋に文舞、武舞あり、祖孝孫に至りて楽を定め、文舞を更めて治康とい、武舞を凱安と曰う）[13]」と記載してある。即ち「太平安舞」「太平楽安舞」は武舞であり、「破陣楽」と一定の類似点があるはずである。日本楽書『楽家録』にも「旧記云有リ。（中略）立部伎八有リ。毎曲ノ下ニ太平ノ字有ル也。吾朝三曲ヲ渡シ、残リノ五曲未ダ渡サズ也。所謂三曲、第一武徳太平楽一名安楽太平楽。皇帝破陣楽是也。第二武昌太平楽今世太平楽即此曲也。第三大定太平楽秦王破陣楽是也」[14]と記載している。日本雅楽「太平楽」は周隋遺音の「太平楽安舞」から由来したようで、唐代楽舞として「秦王破陣楽」とともに日本に伝わった可能性が高いと考える。

周知のように、「大宝律令」で定められた礼服制度は唐装を踏襲しているが、親王や大臣が実際に着用したものは日本式の礼服である。同じく、「太平楽」が雅楽寮によって調整され、唐代の原形ではなくなった。日本に伝わった隋唐の楽舞は形式、規模が多少なりとも変わったと田辺尚雄氏も指摘した[15]。遣唐の楽人や舞人は楽器、楽譜、舞譜といった実物を持ち帰ったものの、復元の際に、楽人や舞人の記憶はやはり不可欠であり、それに伴う忘却や変形は避けられないことであろう。

雅楽家豊原統秋が1512年に編纂した『体源鈔』では、「古太平楽唐土ニ於ケル者、一百四十人等之ヲ舞ウ。今日本ニ於イテ然ラズ。又天安天皇御時、四十人之ヲ舞ウ。又卅人。今然ラズ」[16]と言われる。「太平楽」の舞人規模は縮小傾向にあり、そして文徳天皇（天安天皇）の在位期間（850-858年）には舞人数が急に減り、「太平楽」導入期の節目と見なしても良かろう。『教訓抄』は『貞保親王曲譜』を引用し、文徳天皇が別宮梨本院から修造されたばかりの皇居内裏に移住した際に、警備担当の左近衛府が勅命を受け舞楽を献上したことを述べている。左近衛府の常澄当経（生没年不詳）をはじめとした諸人が「剣ヲ以テ攬リ舞ウ。四十人甲ヲ被ル。此ノ三曲ヲ合シテ府装楽ト号ス」[17]。この「府装楽」が「太平楽」の破「武昌楽」の別称である。さらに、「武昌」という言葉は武舞を暗示するにとどまらず、昌盛の意味も込めているため、「武昌楽」という言い方がより一般的である。

延暦13年（794）の平安京遷都以来、皇居内裏の造営は数十年がかかった。文徳天皇の在位8年間は別宮の梨本院に住み、平安内裏をほとんど御在所としなかったことは歴史学によって既に明らかになった[18]。梨本院は、梨下院とも呼ばれ、平安京の北東部に位置する。そして梨本院の東側が左近衛府である。文徳天皇が皇居内裏に移った際に左近衛府に命じて「太平楽」を披露させた動機は、文武天皇が「大宝律令」成果の祝宴で「太平楽」を鑑賞したことと同じであろう。中国伝来の「太平楽」は雅楽寮や左近衛府などの調整を経て、天皇の治世が太平であることを謳歌した舞楽として定着したようである。

二、過渡期：「太平楽」の古今相違

「太平楽」の導入期は、同時代の楽書が世に残らないため、具体的な演奏形態は不明である。平安時代中期から、雅楽はさらに発展し、民間にもかなり影響を及ぼした。従事者が増えたにとどまらず、楽書も次々と世に出てきた。『体源鈔』巻十一下「舞曲ノ古今相違事」には雅楽演目の変容状況がまとめられ、その中で「太平楽」に関する記述が最も多いようである。比較してみると、現行「太平楽」は『体源鈔』『楽家録』といった16世紀以来の近世楽書を踏襲し、明らかな変化は見えないものの、『体源鈔』が言及した「古太平楽」とは大きな違いがあるようである。それ故、以下は16世紀を区切りとして、内部の構造と外部の装束という角度から、「太平楽」の古今相違を分析してみる。なお、分かりやすくするため、まず現行曲の状況を概説し、後に16世紀以前の断片的な資料を並べて比較する。

2-1　曲の構造

現行「太平楽」は太食調に属し、道行「朝小子」、破「武昌楽」、急「合歓塩」からなる組曲である。『雅楽事典』と実際の公演状況に基づき、「太平楽」の構造は以下のようにまとめられる（**表1**）。

表1　舞楽「太平楽」の構造

<table>
<tr><th></th><th>曲名</th><th>楽の内容</th><th>舞の内容</th></tr>
<tr><td rowspan="2">出時</td><td>太食調調子</td><td>龍笛音取（前奏）</td><td>—</td></tr>
<tr><td>道行
「朝小子」</td><td>延四拍子。拍子十二。加拍子無し。</td><td>四名の舞人は登台して出手を舞う。
定位置に行き、鉾を舞台に置く。</td></tr>
<tr><td rowspan="2">当曲舞</td><td>破
「武昌楽」</td><td>延八拍子。拍子二十。志止祢拍子により終わる。</td><td>向立に立ち、途中で鉾を取り舞う。
背合わせに舞終わり、鉾を置く。</td></tr>
<tr><td>急
「合歓塩」</td><td>早四拍子。拍子十六。後度二十。
龍笛乱声吹止句により終わる。</td><td>向立に立ち、途中で太刀を抜き舞う。
舞終わり、跪いて太刀を納める。</td></tr>
<tr><td>入時</td><td>重吹</td><td>急「合歓塩」の中段より奏す。吹止句により終わる。</td><td>舞人は入手を舞い、順次降台する。
楽屋に入り、楽を止める。</td></tr>
</table>

（筆者作成）

「太平楽」は舞を伴う総合的なパフォーマンス（舞楽）であるが、楽器だけの合奏（管弦）としても楽しまれる。両者とも雅楽の表現方法であるが、同じ作品を扱う際に、少し異なっている。舞楽と比較すると、管弦「朝小子」と「合歓塩」は末四拍子を加え、終わる所の軽快な効果を求めている。管弦「武昌楽」は末六拍子を加え、楽器のリズムをさらに加速させる。また、

「武昌楽」や「合歓塩」は管弦として演奏する際に、原調の「太食調」から「黄鐘調」などに移すこと（渡物）もある。

表2 管弦「太平楽」の構造

曲名	内容
「朝小子」	延四拍子。拍子十二。末四拍子加。
「武昌楽」	延八拍子。拍子二十。末六拍子加。 渡物：黄鐘調
「合歓塩」	早四拍子。拍子十六。後度二十。末四拍子加。 渡物：黄鐘調。壱越調。双調。盤渉調。下無調。

（筆者作成）

上述したように、現行「太平楽」の構造は複雑である。「太平楽」は組曲であるので、各曲の変容過程を考察する必要がある。現曲は入退場の際にそれぞれ「朝小子」と「合歓塩」を使っているが、16世紀以前の「古太平楽」は必ずしもその二曲を演奏していたとは限らない。『体源鈔』が「又古ハ新楽ノ乱声以テ出ル。今ハ道行以テ舞イ出ル。又元ハ道行ニ拍子加へ、入舞ト為ル。今ハ合歓塩以テ入綾トス」[19]と述べ、舞人が入場した時に竜笛や太鼓、鉦鼓による無拍子の乱声を吹奏し、退場（入舞或いは入綾）の際に「朝小子」を演奏したと記している。『教訓抄』にも「出入ヲ舞フ。道行ヲ用イル。朝小子ト号ス。拍子十二。入時三度拍子ヲ加フ」[20]という記載がある。即ち、「太平楽」の入退場とも「朝小子」を演奏し、拍子だけが違ったのである。『教訓抄』の著者狛近真はさらに先祖の狛光季（1025-1112）が天皇の勅命を受け「太平楽」を舞ったことを強調し、「朝覲行幸。狛光季勅定ヲ依テ、入綾ヲ舞フ。其ノ舞様、此家ニアリ。年号尋ヌ可シ。古記、入ハ合歓塩ヲ吹ク云々」[21]と記している。狛家が入綾（退場）の際「合歓塩」を舞ったことが天皇に肯定され、古記録にも合致したので、狛家の正統地位を誇ったのであろう。また、「朝小子」はずっと「太平楽」の一部である一方、「合歓塩」は独立性が強かったことも伺える。前述した通り、「合歓塩」は「賀朝歓」に由来したかもしれない。「賀朝歓」と「武昌楽」の原形「破陣楽」は唐代凱楽の中で並列され、両者が日本に伝わってから組曲になった可能性がある。筆者が調べた限り、平安時代の『倭名類聚抄』（934年）巻四音楽部「道調曲」に「太平楽出時曲謂之朝小子、武昌楽也。合歓塩太平楽之急也」[22]と記されている。書写本において、「朝小子」「武昌楽」の二曲名は「太平楽」の解釈として小字で表記される。その一方、「合歓塩」は「太平楽」と同じく、大字で強調された見出し語として並べられている。また、『倭名類聚抄』は「太平楽」や「合歓塩」を「道調曲」の中に入れたが、『教訓抄』などの後世の楽書はいずれも「太食調」と記している。こうしてみれば、10世紀半ばから13世紀までに「太平楽」の曲調に変化があったことも分かる。

最後に、拍子数から「太平楽」の変容を考察してみる。拍子とは楽曲の進行時間を測るため、太鼓の強打音で旋律の楽句を区切る単位である。崔静氏の統計[23]に基づき、主な楽書の記録は以下のようにまとめられる（**表3**）。破「武昌楽」についての記録はいずれも二十拍子である故、この曲が後世に伝わっていた間に、比較的に安定した伝承状態であろう。「朝小子」はだいたい十二拍子であるが、「合歓塩」は拍子数が不定である。総じて「合歓塩」は独立性が強く、16世紀以前の過渡期に絶えずに変化していたようである。

表3 「太平楽」拍子数に関する古楽書の記録

	道行	破	急
『龍鳴抄』（1133年）	十二	二十	二十六
『三五要録』(12世紀末)	不詳	不詳	三十六
『教訓抄』（1233年）	十	二十	二十四
『類箏治要』(13世紀末)	十二	二十	三十六或は三十二
『続教訓抄』(14世紀初)	十二	二十	二十四
『体源鈔』（1512年）	十二	二十	二十四

（筆者作成）

2-2 舞の装束

現行「太平楽」は一般的に4人である。舞人が兜をかぶり、緋袍に括袴、革の挂甲をつけ、太刀を佩く。肩には龍頭の肩喰、腹部には鬼面の腹喰、左腋には大きな魚袋を着け、背の胡籙に矢を負う。着装するものの点数は雅楽の中で最も多く、15キロにも達すそうである。それらを着けて約1時間舞うため、舞人にとっては大変な体力を要する演目と言えよう。

黄遵憲はかつて「太平楽」を鑑賞した後、「四人対舞、皆緋衣、佩金魚袋（四人対して舞い、皆な緋衣にして金魚袋をつける）」[24]と記した。日本の雅楽には左方舞楽と右方舞楽との区別があり、両者は由来、装束、楽器、曲調などにおいて明らかに異なり、交互に上演される。唐楽と林邑楽は左方舞楽に含まれ、赤色系の装束を使う一方、右方舞楽は朝鮮半島から伝来した高麗楽、渤海楽を指し、装束が緑色を基調とする。「太平楽」は左方舞に属すので、緋衣、即ち赤装束を用いる。そして「太平楽」の答舞には「狛鉾」「陪臚」

などがある。

1690年の『楽家録』にも「舞人四人。常装束。太刀。垂平緒。鉾」[25]と記されている。江戸時代中期の絵師高島千春が『光成大夫図』『御屏風図』などの古舞楽資料をもとに『舞楽図』を描いた（**図1**）。舞人が太刀を持ち、兜をかぶった典型的な甲冑装束であり、隋唐の遺風を伝えると考えられる。この画像資料も日光山輪王寺所蔵の江戸前期太平楽服飾、舞具などの実物に一致し[26]、参考価値が高いと思われる。江戸時代から現在に至るまでは、「太平楽」の演奏形態はほとんど変わっていないことがわかる。

しかしながら、16世紀以前の「太平楽」は明らかに異なっていたと筆者は考える。雅楽の古態を研究する際、12世紀の画像資料『信西舞楽図』が最も重要な資料である。残念ながら、現存『信西舞楽図』には「太平楽」の図像が残らない。文字資料から見れば、『教訓抄』は「太平楽。面有リ。」[27]と述べた。天治2年（1125）1月3日、狛光則が勅命を受けて「太平楽」を演じた際に仮面をかぶったことも『教訓抄』に記されている。14世紀初期の『続教訓抄』も「面アリ。但常ニモチヰス。（中略）面鴨社アリ」[28]と記される。「太平楽」の仮面がだんだん使われなくなったことが分かる。『続教訓抄』によると、「太平楽」の仮面が賀茂神社に所蔵されたそうである。残念なことに、伝世の「太平楽」仮面が今まで見つからなかったようである。

図1　高島千春『舞楽図』の「太平楽」

図2『信西古楽図』の「秦王破陣楽」

この装束の変化について、『楽家録』は「今世太平楽ノ兵具」が本来「秦王」[29]であり、即ち雅楽「秦王破陣楽」の装束であったことを説明した。前文に述べたとおり、「太平楽」の破「武昌楽」が「秦王破陣楽」から派生したようである。12世紀の『信西舞楽図』に掲載された画像資料を見ると、日本の雅楽「秦王破陣楽」は確かに現行「太平楽」の装いとよく似ていると思われる（図2）。4名の舞人は仮面をかぶっておらず、魚袋を着けた甲冑装束で剣を持ち舞っていた。また、『雑秘別録』（1227）も「太平楽」が「秦王破陣楽」の装束を使ったことに言及している。雅楽「秦王破陣楽」が早く廃曲となったため、その装束は次第に「太平楽」に用いられたようである。

以上のように、曲の構造と舞の装束において、16世紀以前の「太平楽」は独特なものと言えよう。9世紀から16世紀の過渡期には、「合歓塩」は最初に独立性が強く、後に「太平楽」の急として定着してきた。道行「朝小子」や破「武昌楽」に比べて、「合歓塩」の拍子数が不定であり、移りゆく過程を表している。装束の面において、「太平楽」はもともと仮面を着用していたが、後に雅楽「秦王破陣楽」の装束を借りたため、仮面も徐々に使わなくなった。

三、安定期：「太平楽」本事譚の派生

16世紀以降、雅楽「太平楽」は演奏形態がほとんど変わっていないようである。「太平楽」の本事論争において、鴻門の会に由来したのが定説として流布し、その本事譚は雅楽の礼的機能と表裏一体であると筆者は考える。

『教訓抄』をはじめとする日本楽書によると、「太平楽」の本事は二つの見解がまとめられる。

㈠「五方獅子舞」説。その理由は唐の教坊楽にも同名の舞楽があったことである。『唐会要』と『通典』には、唐の「太平楽」が「五方師子舞」の別称として記されている。上演の際、獅子に扮した5人と合唱部の140人もいたそうである。日本の「太平楽」は明らかに獅子舞ではない故、唐の「太平楽」、即ち「五方獅子舞」との関連がないと王克芬氏は考えている[30]。因みに、「獅子舞」が『教訓抄』の伎楽一覧に別掲され、日本に伝わったことが分かる。12世紀の舞楽図譜『信西古楽図』（図3）には、獅子に扮した二人、縄を引く一人、周りに歌っていた踊り手が描かれ、中国文献の記載とほぼ一致している。また、筆者が調べた傍証として、12世紀に描かれた原作『年中行事絵巻』の江戸期模写本にも、毎年3月の「稲荷祭」を祝う獅子舞が見られる。したがって、日本の「太平楽」は別曲であり、獅子舞とは無関係であろう。

図3 『信西古楽図』の「獅子舞」

図4 模本『年中行事絵巻』の「獅子舞」

㈡「項荘鴻門曲」説。『教訓抄』はまた「公莫舞、即チ巾舞也。項荘剣ヲ舞イ、項伯袖以テ之ヲ隔ツ。高帝ヲ害スル得ズ[31]」と述べ、「太平楽」の別名として「項荘鴻門曲」を列挙し、鴻門の剣舞を「太平楽」の本事と考えた。楊公驥氏の考証によると、「公莫舞」は息子が旅立つ際、母親と別れた情景を表現した巾の舞である[32]。また、魏晋南北朝時代に、「公莫舞」の原型は鴻門の剣舞であったとされ、「用巾、以象項伯衣袖之遺式（巾を用いて以て項伯の衣袖の遺式に象る）[33]」という説があった。日本楽書は雅楽「太平楽」が和式の剣（太刀）を使用したことに基づき、鴻門の剣舞を本事と見なしたのではないかと思う。しかしながら、鴻門の剣舞は項荘と項伯の二人舞であるが、雅楽「太平楽」は一般的に4人である。急「合歓塩」で太刀を手に持つほか、「太平楽」の破「武昌楽」では鉾を舞具として使用している。やはり鴻門の剣舞と雅楽「太平楽」には懸隔があるといえよう。

江戸時代以来、「項荘鴻門曲」説はだんだん定着してきた。『楽家録』（1690年）はまず鴻門の会を概説し、その後に「高祖之ニ頼リテ復ビ函谷関ニ帰リ、遂ニ項羽ヲ誅シ、天下ヲ平ゲ、漢家四百年ノ業ヲ成ス。故ニ覇上剣舞ノ象ヲ摸シ、太平楽ト号ス[34]」と追加した。この解釈は明らかに「巴渝舞」に倣って改編されたものと筆者は考える。『後漢書』に「高祖為漢王、発夷人還伐三秦。秦地既定，乃遣還巴中。（中略）俗喜歌舞、高祖観之、曰此武王伐紂之歌也。乃命楽人習之、所謂巴渝舞也（高祖漢王と為りて、夷人を発し還りて三秦を伐る。（中略）俗に歌舞を喜び、高祖観て、此れ武王が紂を伐つた歌也と曰う。即ち楽人に命じ、之を習わす。いわゆる巴渝舞也）[35]」と記されている。「巴渝舞」は漢高祖が三秦（現在陝西省）を征伐した後に楽人を命じて作らせたものである。『楽家録』はこの伝説の叙述を鴻門の会に当て嵌まり、漢高祖が天下を統一した後に「太平楽」を作ったと述べている。

したがって、「太平楽」が天下太平を象徴した「雅正の楽」であると言っても過言ではない。

楽書のほか、「項荘鴻門曲」説は江戸時代の文学、絵画分野にも受容されていた。鴻門の宴について、最初に言及した日本文学作品は11世紀初期の『和漢朗詠集』である。「項荘の鴻門に会いして、情を一座の客に寄す」[36]という名句に対する後世の注釈は絶えず、時間参照系として利用できるのではないかと筆者は考える。

『和漢朗詠集』の古注釈書は11世紀末の大江匡房『和漢朗詠集注』と応保元年（1161）の僧覚明（信阿）『和漢朗詠集私注』である。両者は鴻門の会を説明する際に、太平楽に言及していない。12世紀末の知恩院本『倭漢朗詠注』、鎌倉前期の『和漢朗詠集永済注』、応永12年（1405）の『和漢朗詠集和談鈔』にも「太平楽」の関連記述は見られない。慶長12年（1607）に成立した書陵部本『朗詠抄』は最初に「太平楽」と鴻門の剣舞との関係に触れた注釈書であり、「又、歌舞ト云フハ、今ノ太平楽舞也」[37]と述べている。慶長13年（1608）の広島大学本『和漢朗詠注仮名注』も「項荘数盃ノ後チ、剣ヲ抜テ立テ、太平楽ヲ舞シカ」[38]と記している。また、寛永21年（1644）に書かれた国会図書館本『和漢朗詠注』に「管弦ヲシ、太平楽ヲ舞、太刀ヲヌイテ、便宜アラハ、高祖ヲ討トス。今ノ太平楽、自是始レリ」[39]とより詳しく記載している。こうしてみれば、「太平楽」が鴻門の剣舞に由来した説は17世紀ごろから受け入れられていたようである。

『和漢朗詠集』注釈書のほか、天文年間（1532-1555）に書かれた西源院本『太平記』巻二十八「漢楚戦事」も鴻門の剣舞が「太平楽」であることを記した。また、寛文延宝年間（1661-1680）の『張良絵巻』は、日本人が楚漢物語を再現したものである。大阪大谷大学蔵本『張良』には剣を抜いて立つ項荘、項伯らのほか、伴奏の伶人も描かれている。配置された太鼓、笙、篳篥は日本の雅楽「太平楽」に合致している。その一方、中国伝来、現在日本蓬左文庫所蔵の明代文献『全漢志伝』（図5）や『両漢開国中興伝志』（図6）などの挿絵に伴奏の伶人と楽器が見えず、『張良絵巻』が代表する日本文芸の伝統とは明らかに異なっている。即ち、鴻門の剣舞が雅楽「太平楽」の本事であった見解は日本において始めて派生したものである。

上記の通り、「太平楽」が鴻門の剣舞に由来した説が16、17世紀に定着してきたようである。そして、この定説は文学、絵画の分野にも影響を及ぼし、さらに展開されていた。江戸時代成立の『張良絵巻』は日本雅楽の楽器を描いたものの、直角幞頭などの人物服装は中国風である。日本人の絵師が当時の剣舞情景を想像し、雅楽「太平楽」の生成過程を構築しようとした努力が伺えるのではないか。この絵巻の描写は『楽家録』の叙述とよく似ている。両者とも漢高祖天下統一の物語を通じて「太平楽」の文化的背景と政治的意味を深める目的があるのではないかと筆者は考える。

図5 『全漢志伝』の「鴻門の会」

図6 『両漢開国中興伝志』の「鴻門の会」

おわりに

現在まで伝わった日本雅楽は芸術の「生きた化石」と言われているが、千年不変というわけではない。「太平楽」のような日本雅楽は唐代の楽舞から派生し、唐の遺風をある程度表している。一方、日本に伝わった「太平楽」自身も徐々に変化した。これは日本が外来文化を吸収した典型例である。欧米化を求めていた明治天皇であっても、1867年の即位礼や1889年『大日本帝国憲法』の公布式典といった重要な儀式に、饗宴殿で「太平楽」を鑑賞した。また、明治天皇は御用の職人海野勝珉に、彫金、鍛金、鋳金の技芸で「太平楽置物」を作らせ、日本文化の代表として1900年のパリ万国博覧会に出展させた[40]。外来楽舞は日本の雅楽に同化され、日本伝統文化の一部となったと考えられる。従って、雅楽で中国楽舞を復元しようとするやり方は危うい。通時的な視点で雅楽の生成と変容を把握してこそ、唐代楽舞の原形及び両者の違い、魅力が見えてくる。

本論から見た今後の日中関係に関する提言

中国と日本は一衣帯水の隣国であり、長い交流の歴史を持つ。両国は素晴らしい文化・理念を共有しながら、背景や国情によって相違、誤解も当然のように存在する。「太平楽」は唐代の楽舞から派生したものであるが、長年にわたって日本伝統文化の一部として内在化した。その生成背景と変容状況をおろそかにして、唐代楽舞の原形と直接に見做すことはできない。

私からすれば、近隣としての中日両国はまさに「最も身近な見知らぬ人」のようである。我々は先入観や独りよがり、思い込み、片思いといった気持ちをできるだけ避け、相手の状況を素直に察し、相手の意見を熱心に聞かなければならない。こうしてこそ齟齬が生じず、両国の相互理解も一層増進すると信じる。「各美其美、美人之美、美美与共、天下大同」という諺にもあるように、我々が国々の美しさを忠実に理解して愛する能力を育てて、美しさと美しさが共に交わるようになれば、その時初めて世界が太平になる。

コロナ禍が収束しない中で、ウクライナでの戦争があった。太平の世は人間が古くから追求するものである。小論の研究対象「太平楽」を借りて平和な世界を心から願ってやまない。

参考文献

（日本語文献）
源順編『倭名類聚鈔』那波道圓、1617年
高島千春画『舞楽図』出雲寺富五郎、1828年
正宗敦夫校訂『信西古楽図』日本古典全集刊行会、1927年
田辺尚雄『日本音楽通』四六書院、1930年
豊原統秋『体源鈔』日本古典全集刊行会、1933年
安倍季尚『楽家録』日本古典全集刊行会、1936年
小松茂美編『日本絵巻大成8年中行事絵巻』中央公論社、1977年
伊藤正義、黒田彰編『和漢朗詠集古注釈集成』大学堂書店、1994年
狛近真『教訓抄』、塙保己一編『群書類従第19輯上』続群書類従完成会、1996年
菅野禮行校注『新編日本古典文学全集19和漢朗詠集』小学館、1999年
黒板勝美編『新訂増補国史大系　続日本紀』吉川弘文館、2000年
藤原孝道『雑秘別録』、塙保己一編『群書類従第19輯』続群書類従完成会、2002年
鳥田稔弘ほか「明治期の彫金家海野勝珉の作品研究『蘭陵王置物』『太平楽置物』について」、『富山大学芸術文化学部紀要』、2006年12月
林香奈、劉雨珍訳注「『日本雑事詩』訳注稿(二十)」、『未名』、2015年3号
小野亮哉監修『雅楽事典』里文出版、2019年

（中国語文献）
彭定求等編『全唐詩』中華書局、1960年
範曄撰『後漢書』中華書局、1965年
劉昫等撰『旧唐書』中華書局、1975年

欧陽修等撰『新唐書』中華書局、1975年
楊公驥「西漢歌舞劇巾舞〈公莫舞〉句読和研究」、『中華文史論叢』、1986年第1輯
王小盾『隋唐五代燕楽雑言歌辞研究』中華書局、1996年
王国維『王国維全集　第三巻』浙江教育出版社、2009年
任中敏『唐声詩』鳳凰出版社、2013年
王小盾『中国音楽文献学初階』北京大学出版社、2013年
王克芬『日本史籍中的唐楽舞考辨』上海音楽出版社、2013年
葛暁音「従日本雅楽看唐参軍和唐大曲的表演形式」、『北京大学学報（哲学社会科学版）』、2015年第3期
程雅娟「神道化的隋唐重装武士服：日本輪王寺蔵太平楽服飾文物溯源研究」、『装飾』、2016年第6期
崔静『〈楽家録〉中的大曲研究』、温州大学碩士学位論文、2017年
呉真「日本雅楽中的漢晋楽府」、『文学評論』、2017年第3期
張建華「塩題曲考論」、『音楽研究』、2018年第3期
黄遵憲『日本雑事詩』中華書局、2019年
高似孫『緯略』大象出版社、2019年
李強「〈朝天子〉曲名考弁」、『黄鐘(武漢音楽学院学報)』、2020年第1期

図版出典
図1：高島千春画『舞楽図』出雲寺富五郎、1828年、40頁
図2：正宗敦夫校訂『信西古楽図』日本古典全集刊行会、1927年、32頁
図3：前掲、20頁
図4：小松茂美編『日本絵巻大成8年中行事絵巻』中央公論社、1977年、64頁
図5：古本小説集成編委会編『古本小説集成　全漢志伝』上海古籍出版社、2017年、46頁
図6：古本小説集成編委会編『古本小説集成　両漢開国中興伝志』上海古籍出版社、2017年、64頁

1　黄遵憲『日本雑事詩』巻二・一五五、中華書局2019年、85頁。本稿の読み下し文は全て筆者が先行研究を踏まえた上で訓読したものである。
2　代表的な成果として、王小盾「域外漢文献中的音楽：日本」、『中国音楽文献学初級』、北京大学出版社2013年；葛暁音「従日本雅楽看唐参軍和唐大曲的表演形式」、『北京大学学報（哲学社会科学版）』、2015年第3期；呉真「日本雅楽中的漢晋楽府」、『文学評論』2017年第3期などがある。
3　劉青弋「日本雅楽的伝承与文化交流」、『芸術評論』2010年第3期、102頁。
4　黒板勝美編『新訂増補国史大系　続日本紀』、吉川弘文館2000年、13頁。
5　前掲『新訂増補国史大系　続日本紀』、13頁。
6　李強「<朝天子>曲名考弁」、『黄鐘（武漢音楽学院学報）』、2020年第1期。
7　田辺尚雄『日本音楽通』、四六書院1930年、77頁。任中敏『唐声詩（下）』、鳳凰出版社2013年、43頁参照。
8　藤原孝道『雑秘別録』、塙保己一編『群書類従第十九輯』、続群書類従完成会2002年、187頁。
9　劉昫等編『旧唐書』巻二十八・志第八・音楽一、中華書局1975年、1054頁。
10　張建華「塩題曲考論」、『音楽研究』2018年第3期、93頁。
11　彭定求など編『全唐詩』巻五十二・姚合・剣器詞三首、中華書局1960年、5709頁。
12　高似孫『緯略』巻九、大象出版社2019年、189頁。
13　欧陽修等編『新唐書』巻二十一・志第十一・礼楽十一、中華書局1975年、466頁。
14　安倍季尚編『楽家録』、日本古典全集刊行会1936年、1167頁。
15　田辺尚雄「中国音楽在日本」、『光明日報』1956年10月12日掲載。
16　豊原統秋『体源鈔』、日本古典全集刊行会1933年、1481頁。
17　狛近真『教訓抄』、塙保己一編『続群書類第十九集上』、1996年、221頁。

18 鈴木亘「平安初期における平安宮内裏の修造について」、『日本建築学会論文報告集』218号、1974年4月。
19 前掲『体源鈔』、1481頁。
20 前掲『教訓抄』、222頁。
21 前掲『教訓抄』、222頁。
22 源順編『倭名類聚鈔』、那波道圓1617年刊行、30頁。
23 崔静『<楽家録>中的大曲研究』、温州大学碩士学位論文2017年、13頁。
24 前掲『日本雑事詩』、85頁。
25 前掲『楽家録』、1181頁。
26 程雅娟「神道化的隋唐重装武士服：日本輪王寺蔵太平楽服飾文物溯源研究」、『装飾』2016年第6期参照。
27 前掲『教訓抄』、221頁。
28 狛朝葛『続教訓抄』、日本古典全集刊行会1939年、302頁。
29 前掲『楽家録』、1262頁。
30 王克芬『日本史籍中的唐楽舞考弁』、上海音楽出版社2013年、93頁。
31 前掲『教訓抄』、221頁。
32 楊公驥「西漢歌舞劇巾舞〈公莫舞〉的句読和研究」、『中華文史論叢』1986年第1期。
33 前掲『旧唐書』、1063頁。
34 前掲『楽家録』、936頁。
35 範曄撰『後漢書』巻八十六南蛮西南夷列伝第七十六、中華書局1965年、2842頁。
36 藤原公任編『和漢朗詠集』、小学館1999年、341頁。
37 伊藤正義編『和漢朗詠集古注釈集成』第二巻（下）、大学堂書店1994年、483頁。
38 前掲『和漢朗詠集古注釈集成』第二巻（下）、807頁。
39 前掲『和漢朗詠集古注釈集成』第二巻（上）、270頁。
40 鳥田稔弘ほか「明治期の彫金家海野勝珉の作品研究『蘭陵王置物』『太平楽置物』について」、『富山大学芸術文化学部紀要』2006年12月。

周作人を変えた二つの体験

～彼が女性解放運動で得たものは何か～

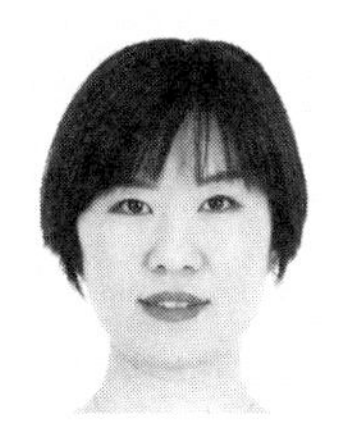

東北大学大学院国際文化研究科
博士後期課程
張蕊

はじめに

辛亥革命以前の時代――この頃の結婚事情は、つまりこのようなものであった。

結婚で最も大切なことは、夫婦の愛情ではなく、跡継ぎの男子を生むこと[1]にあった。男性が家の中心である一方、女性は虐げられ、愛情の有無にかかわらず夫婦関係を継続すること、これが奨励されていた。

そして、これらを正当化する根拠として『儀禮（ぎらい）』や『禮記（らいき）』等の経典に見られる「三従[2]」や「三綱[3]」の概念が指摘され、それに基づいた多くの女訓書[4]が著されると、儒教的な観点から見た**あるべき**女性像が形成され、確固たる社会常識となっていたのである。

こうした女性抑圧とも言える社会のもとで、男女の恋愛を説く周作人（しゅうさくじん）の言葉が生まれたことは、驚異のように思える。

――男性と女性は平等である。
――我々は恋愛によって結婚を実現すべきである。

儒教経典を伏せて、周作人の著作を開くと、我々はそこに全く別の世界が広がることに驚く。なぜ彼は当時の社会的常識に反旗を翻し、このような主張を行ったのであろうか。

そこで小論では、周作人による女性の生活改善、地位の向上、解放をめざす言論運動の中から、婚姻に関する言論活動に限定し、彼が活動するに至った動機と、その後の彼の運動が社会をどのように動かしたのかを探ってみたい。

一、婚姻に関する言論活動とその動態

1-1　先行研究と問題の所在

小論で取り上げる周作人は、一体どのような人物であるのか。

周作人と妻（羽太信子）

彼は中国近現代の散文作家・翻訳家であるが、魯迅の実弟と言えば想像しやすいであろう。彼は魯迅と共に日本へ留学し、立教大学で英文学と古典ギリシア語を学んだ。帰国後は人道主義文学を提唱し評論活動を行ったものの、抗日戦争中は親日政権に協力したため「漢奸（かんかん）」というレッテルを貼られ、中華人民共和国成立以降は表舞台に立つことが少なく、晩年は日本文学・ギリシア古典の翻訳活動に従事していた。

このような経緯のため、周作人を論じること自体が禁忌とされていた時期もあり、周作人に関する研究は大きく遅れていた。例えば彼の女性観について言えば、その本格的な研究は1990年代前後にようやく端緒が開かれた状況である。

その中でも先駆的存在は、木原葉子（1987）[5]であろう。彼女は、周作人が與謝野晶子の「貞操ハ道徳以上ニ尊貴デアル」[6]や『愛の創作』[7]の翻訳を手掛けた点に着目している。そして、與謝野が掲げた「真の人間性の発揚」が、周作人の「個人主義の人間本位主義」[8]を生み出し、それが後に「人的文学」[9]へと結実したという。また、阿莉塔（2002）[10]と李瑾（2003・2004）[11]の両氏は、與謝野晶子に周作人が共感したのは女性解放の論調にあったと述べたほか、韓玲姫（2013）[12]は與謝野の翻訳経験が周作人の認識を深める契機を生み出したと述べている。

これら一連の考察によって、女性問題に関する彼の認識の一部が明らかになってきたものの、①その認識が、その後いかなる推移を見せたのか、②後の中国社会でどのように反映したのか。この二点は十分論究されていない。

そこで小論では、まずこれら二点の疑問を検討するが、この問題を解明する重要な手掛かりとして、筆者は逐次刊行物に注目している。その理由は以下の通りである。

1-2 逐次刊行物を活用する意義

周作人の婚姻観について長期的な論調の変化を把握しようとする際、大きな手掛かりとなるのが、逐次刊行物ではないかと筆者は考えている。

雑誌・新聞などの逐次刊行物は、書籍とは異なり、巻号・年月次を追って逐次刊行される性格を持つ。そのため、彼が投稿・寄稿した論評は、一定の期間毎に順を追って随時活字化が行われている。それゆえ、彼の寄稿記事は、それ自体が当時の周作人の婚姻観を知ることができる貴重な同時代史料となり、かつ時代と共に変化する彼の婚姻観のありさまを正確に把握できると考えている。加えて、彼の言論活動の多くがこれら逐次刊行物への寄稿を介して行われたことも、この考察に妥当性があることを示す証左になると思われるのである。

では、彼はどのような逐次刊行物へ寄稿を行ったのか。周作人による言論活動は1907年から約半世紀近い期間にわたっており、それらは主に『晨報副鐫（しんぽうふくせん）』[13]や『亦報（いほう）』などの日刊紙であった。『晨報副鐫』は1916年に創刊した日刊紙『晨報』[14]の附属紙で、魯迅、胡適（こせき）、葉聖陶（ようせいとう）などの小説や戯曲作品の発表の場として『新青年』と並び、当時の中国文芸界にも強い影響力[15]を持っていた。一方の『亦報』[16]は、1949年7月から1952年11月まで発行された日刊紙で、総編集長は唐雲旌が編集主任は沈毓剛が担当した。『亦報』は主に社会報道のほか、歴史や文学などの内容が中心であり、張愛玲や周作人[17]などが多く健筆を競っていたのである。

『晨報副鐫』

1-3 周作人の婚姻に関する言論の概要

まず、先行研究での論究が十分でない①の疑問（周作人の婚姻観の長期的推移）について検討する。

周作人の考える「婚姻のあり方」が窺える逐次刊行物の記事を一覧にすると、以下の通りとなる。なお、周作人の寄稿内容は、㋐婚姻に関する社会現状の分析、㋑外国の事例や情報を提供する啓蒙的内容、㋒具体的な方策の提案という三つに分かれる。そのため、寄稿内容を知る手掛かりとして一覧に加えておくこととした。

周作人の婚姻に関する論説の一覧

文章タイトル	刊行時期	刊行紙	分析	啓蒙	提案
防淫奇策	1907年11月	天義報	■		
貞操論	1918年 5月15日	新青年		■	
愛的成年	1918年10月15日	新青年		■	■
人的文学	1918年12月15日	新青年	■	■	■
附：答藍志先書	1919年 2月	新青年	■		
中国小説裏的男女問題	1919年 2月	毎週評論	■	■	
「附」一角銭的離婚	1923年 3月14日	晨報副鐫	■		
関於誰是犠牲的問題	1923年 3月29日	晨報副鐫	■	■	■
結婚的愛	1923年 4月18日	晨報副鐫	■	■	
離婚与結婚	1923年 4月25日	晨報副鐫	■		
無条件的愛情	1923年 6月20日	晨報副鐫	■		
臨嫁潜逃的罪	1924年 3月 3日	晨報副鐫	■		■
小雑感	1924年 4月15日	晨報副鐫	■		
是一種辦法	1925年 2月 4日	京報副刊·婦女週刊	■		
「『新文化』上的広告」按語	1927年 3月	語絲	■		
尾久事件	1936年 7月	宇宙風		■	
談卓文君	1937年 5月25日	北平晨報	■		
男人与女人	1944年 8月	風雨談		■	
恋愛解	1949年12月 4日	亦報		■	
男性中心思想	1950年 3月20日	大報	■		
祖母的一生	1950年 5月26日	亦報	■		
勇敢的重婚	1950年 6月30日	亦報	■		
重婚与離婚	1950年 7月11日	亦報	■		
「附一」法院院長的話	1950年 7月12日	亦報	■		
「附二」名判決	1950年 7月13日	亦報	■		■
「附」妾的故事	1950年 9月17日	亦報	■		
恋愛与淫蕩	1951年 1月12日	亦報	■		
《秋胡戯妻》	1951年 3月19日	亦報	■		
《釵頭鳳》	1951年 3月20日	亦報	■		
婚姻法与女干部	1951年11月 7日	亦報	■		■
財礼	1951年11月 8日	亦報	■		■
宣伝婚姻法	1951年11月10日	亦報			■
傍聴婚姻案件	1951年11月15日	亦報	■		■
「附三」関於通奸	1963年 8月20日	新晩報	■		

一覧を見て理解できるとおり、周作人の婚姻に関する言論には三つの傾向が看取できる。

第一の傾向は、周作人の寄稿は当初外国の婚姻事情の紹介などの啓蒙的な内容が多く、後に具体的な政策提案へと移行しているという傾向である。

第二の傾向は、⑴1918～27年と、⑵1949～51年に活動が集中的に行われているという傾向である。

そして第三の傾向は、当初は政策の発案などを積極的に行われていたが、その後この種の提言は、なりをひそめている。そして半世紀後に再び積極的な提案を打ち出したが、前期の提案と後期の提案は質的に大きく異なるという傾向が見られる。

以上の三点を見ても、周作人の婚姻に関する言論は、長期的な視野から網羅的に把握する必要があるように思われるのである。

ではその変化は、いかなるものであっただろうか。

1-4 婚姻に関する前期の言論

それではまず、(1)1918～27年における周作人の事例を紹介する。

例えば1918年10月15日付の『新青年』5巻4号には、周作人による「愛的成年」と題した論説文が掲載されている。そこには、

> 近来読英国凱本徳（Edward Carpenter）著的《愛的成年》（*Love's Coming-of-Age*）、①関于両性問題、得了許多好教訓、好指導。女子解放問題、久経世界識者討論、認為必要……女子生産、因為尽她社会的職務、不能自己養活、②社会応該供養她。
>
> （最近英国のカーペンター（Edward Carpenter）の『愛の成年』（*Love's Coming-of-Age*）を読み、①両性の問題について多くの優れた教訓とよい指導を得た。女性解放問題は、久しく世界の識者の議論を経て、必要と認められている。……女性の出産は、彼女の社会的機能を尽くすことであり、自分で養うことができないから、②社会は当然彼女を養わねばならない）[18]

とある。ここでは、下線部①のように英国の社会思想家エドワード・カーペンターの『愛的成年』[19]や、医師のハヴロック・エリス[20]の著作を紹介している。そして、西洋ではこのような優れた見識があると彼は説明した上で、下線部②で中国でもそれを実践すべきだと主張している。つまり西洋の先進的な見解を、そのまま中国でも直輸入すべきだ彼は考え、共産的な社会制度に変えるといった改革が必要であると提案している。

ここでの周作人の論調は「西洋のアイデアを中国でも実施しよう」という内容であり、非常にシンプルである。ただ、彼は実際に中国でそのようなことが実現可能なのか――という検討は行われていない。

これは、「愛的成年」の2ヶ月後に掲載された「人的文学」でも同じ傾向が見られる。1918年12月に『新青年』（5巻6号）に掲載された論説は、彼自身が「我們希望従文学上起首、提倡一点人道主義思想、便是這個意思（我々は文学から人道主義の思想を微力ながらでも提唱したいというのは、

つまりはこの意味である)」と述べているとおり、今後推進すべき「人間の文学」の意義を述べている。

ここで周作人は、人間の文学は19世紀の欧州に始まるが、中国には人間の文学がほとんどないと述べている。そして『西遊記』『水滸傳』『聊斎志異』『子不語』などの作品を列記し、これらは「妨礙人性的生長、破壊人類的平和的東西、統応該排斥」——つまり人間の成長を阻害し、人類の平和を破壊するため排斥しなければならない作品であると確言している。

そして今後我々はイプセンの『ノラ（*Et dukkehjem*)』や『海の夫人（*Fruen fra havet*)』、トルストイの『アンナ・カレーニナ（*Áнна Карéнина*)』、トーマス・ハーディーの『テス（*Tess of the d'Urbervilles*)』のような人間愛に基づく文学を推進しなければならないという。

このように「人的文学」の主張は「愛的成年」と同じ論法で構成されている。すなわち、外国の先進的な見解を、そのまま中国でも直輸入すべきという内容であり、これらの言論に関する周作人の姿勢は一貫し、現実の中国でそのようなことが実現可能なのかという検討が行われていない。これが(1) 1918～27年における周作人の論説の特徴である。

ではなぜ彼は、現実に目をつむり、ここまで理想を追い求めたのであろうか？

1-5　理想論の根底に潜む彼の情念

前期の周作人に見られた理想主義的な主張、それを解き明かす鍵は1918年12月に『新青年』(5巻6号）に掲載された論説「人的文学」に隠されているように思われる。

彼は人間の文学とはどうあるべきかを論じた箇所で、見方によってはやや不自然とも受け止められる論理を展開している。その不自然な箇所は、下に掲げた引用文の中にある下線の箇所である。

筆者はこの下線部に、彼が胸に秘めた強い意志が現れている。そう感じるのである。

> 人的文学、当以人的道徳為本……譬如両性的愛、我們対於這事、有両個主張、
> ㈠是男女両本位的平等。㈡是恋愛的結婚。
> 世間著作、有発揮這意思的、便是絶好的人的文学。
> (人の文学は、人の道徳を基本とすべきだ……たとえば、男女の愛情で

あるが、われわれはこの問題について、二つの主張をもつ、
㈠は男女両性の平等であること。㈡は恋愛による結婚であること。
世界の名作には、この主旨を伝えた素晴らしい人の文学がある。）

周作人は、中国に「人間の文学」が必要であると論じ、具体的にどのような文学が必要なのかという問題について論及した。その時に彼は例として「男女同権」と「恋愛結婚」であると述べている。そして、男女同権と恋愛結婚を題材とした文学作品が「人的文学」の最高峰であると語っているのだ。中国の新しい文学には「男女同権」と「恋愛結婚」が必要――これは一体どのような意味であるのか。

彼が述べる「人的文学」は、恐らく人文主義に基づく文学（ヒューマニズム）を意味すると思われる。

ヒューマニズムは、人間愛を称揚し人間らしさを肯定する考え方であるが、この言葉には多種多様な意味が含まれている。その中には、束縛や抑圧による非人間的状態からの解放する思想というニュアンスがある。そして周作人はこの解釈を選んだ。それも確信的である。

彼のこの主張の根底には、とある日本人の女性作家の翻訳体験に基づくことが明らかになっている。それが与謝野晶子（よさのあきこ）である。

1-6 周作人の翻訳体験

與謝野晶子は明治から戦前にかけて活躍した歌人・思想家として世間に名が知られている。先行研究によれば、周作人は「日本の詩歌」で與謝野の詩歌を紹介したほか、彼自身も與謝野の評論感想集をほぼ全て入手していたという[21]。また周作人自身も彼女を「今日本第一女流批評家、極進步、極自由、極真實、極平正的大婦人（彼女は今日の日本で一番の女性評論家であり、極めて進歩的で、極めて自由で、極めて現実的で、極めて公平で正しい婦人である）」[22]と称揚の限りを尽くして紹介している点からも、彼が與謝野晶子の評論に強い関心を抱いていたことが理解できる。

與謝野晶子

事の発端は、周作人が彼女の「貞操ハ道徳以上ニ尊貴デアル」を読んだことから始まる。彼は中国の雑誌で紹介したいと考え、1918年5月に『新青

年』に「貞操論」と題して全文を翻訳し掲載した。長文であるので、一部引用すると以下の通りである。

若說是靈肉一致的、這様道德、現今的社會制度上、能夠實現麼？精神和肉體上都是從一的結婚、除了戀愛結婚、決不能有。但現在既不許可戀愛的自由、教人能享戀愛自由的人格教育也未施行的時候、卻將靈肉一致的貞操、當作道德、期待他實現：這不是想「不種而獲」麼？
（若し貞操は靈肉一致のものとするなら、さう云ふ道德が現在の社會制度のままで實現されるでせうか。精神的にも肉體的にも唯一を守る結婚と云ふものは戀愛結婚以外には遂げられない譯ですが、戀愛の自由を許されて居ないと共に、戀愛の自由を享得するだけの人格教育が施されて居ない現代に、靈肉一致の貞操を道德として期待することは蒔かずに刈らうとする類ではありませんか？）

彼女が論説する内容は、周作人がそれまで心の底で思っていた内容と多くが一致した。そればかりか、周作人がそれまで思い抱いていた内容よりも格段に深い思索であった[23]。彼はこの翻訳体験から、彼女の主張に強い衝撃を受けることとなったのである。
ただ、與謝野の所説は周作人にとって、一つ小さな問題があった。それは彼女の主張が自制的であり、論の踏み込みに欠けるという点であった。例えば與謝野は、

——貞操は女のみに必要な道德でせうか。
——現在の社會制度のままで實現されるでせうか。

とあるように、主張内容の多くが、問題提起の段階にとどまっているのだ。また、

——私達はあらゆる壓制から脫れ、不用な舊思想や舊道德から自己を解放して行くことが私達の生活に意義あらしめる一つの重大條件だと考へて居ます。

のように、彼女の主張は、貞操や恋愛に関する個人的見解を述べるにとどまっている。與謝野の訴えは刮目すべき見解である。だが、その訴えを踏まえ

てどのような言論活動を行うべきか、それを彼女は述べていないのだ。

そのため周作人は、個人的見解の発露という與謝野の段階を一歩踏み出して、今後男女の関係性はどのように見直し実践すべきか——この点を重視したのである。彼の姿勢が窺える一例が、当時有名な「娜拉(ノラ)論争」にも見える。

当時の議論の的となったのは、どのように女性に自覚を促すかという問題であった。その例として、ノルウェーの劇作家ヘンリック・イプセン（Henrik Johan Ibsen）の戯曲『人形の家』（“*Et dukkehjem*” 1879）の主人公「娜拉」に関する論争がある。この論争には名だたる論客が登場するが、その議論は女性の自覚の必要性という範囲に終始していた。

例えば『新青年』4巻6号に掲載された胡適の論評「易卜生主義」[24]では、「娜拉が家庭、夫、子供を見捨てて、家を立ち去ったのは、『自分も一人の人間である』と彼女が覚醒したからだ」と指摘する。ここで胡適は、覚醒という表現で女性の自覚に注目しているが、娜拉が家を立ち去った後、彼女はどのように生きるのかという問題は触れていない。また、周作人の実兄である魯迅も、1923年12月26日に北京女子高等師範学校で行われた「娜拉が家を出た後どうなったか」[25]という講演では、「経済力のない娜拉には、家を出た後『堕落するか、家に戻るか』という二種類の結末しかない」と指摘し、こちらは娜拉が家を立ち去った後、どのように生きるのかという魯迅による若干の推論が行われており、胡適の論調を一歩進めていることがわかる[26]。しかし周作人は更に一歩、歩みを進めた見解を魯迅よりも早く示しているのである。

議論から実践へ。そのような彼の姿勢は先に紹介した「愛的成年」や「人的文学」にも滲み出ている。

——社会は女性を養わねばならない。
——男女両性は平等である。結婚は恋愛にて行う。

周作人は「愛的成年」で女性への社会保障を、「人的文学」では男女平等と恋愛結婚を提唱した。しかしその論調は現実の状況を考えに入れず、理想だけを追い求めた面も否定できない。そのためか周作人による提案は一部を除いて殆ど行われなくなった。それは前に掲げた「周作人の婚姻に関する論説一覧」を見れば明らかである。

ではその後、彼は実践に向けた提案を放棄したのであろうか。その答えは、否である。

彼は長い沈黙を経て、再び提案を行い始めるのである。その提案は果たしてどのようなものであったのであろうか。

二、婚姻に関する後期の言論活動の変遷

2-1　周作人の婚姻に関する後期の言論

⑵1949～51年における周作人の言論活動について、その事例を紹介する。
例えば1951年11月8日の『亦報』には、彼の論説「財礼」を掲載している。ここで彼は結納金問題の解決方法を提案しているが、この文面には、前期（1918～27年）に見られた論調とは大きく変化していることに我々は驚かされる。それには、

只要郷村干部和婦聯有力量、鼓励青年男女自由結婚、老輩的阻力不能為梗、在翻了身的農家也可以不計較這点財物了。
（郷村の幹部や婦人連盟が若い男女の自由結婚を勧める限り、老人たちからの関与の力はなくなり、生まれ変わった農家は婚礼資金を気にしなくなるだろう。）

と述べた上で、彼はこのように述べている。

――補救的方法却也不難（解決方法は難しくない）

彼の論調からは切迫感が消え、明るい希望を感じさせる内容に変わってきている。この変化は何に原因があるのか。それを知る手掛かりになるものがある。それが同じく日刊紙『亦報』に掲載された1951年11月7日の紙面である。
ここでは周作人の論説「婚姻法与女干部（婚姻法と女性幹部）」が掲載されている。それによると、

婚姻法発布以来已有一年多了、拠報上発表、各処調査的結果、婦女受圧迫和冤抑的還是多有。……政府有了法令、重要的還是在于婦女自己努力、那些身受圧迫的既然以死力争、如報上所記、其餘便是一般女性的援助、我期望法院和村市干部多有婦女参加、就是為此。
（婚姻法が公布されてから1年以上が経過したが、新聞に掲載された各種調査結果によると、女性が抑圧・圧迫されているケースはまだまだ多い。

……政府は法令を作ったが、大事なのは女性自身の努力である。抑圧されている人は、新聞にも書いてあるように死ぬ気で戦っているのだから、あとは一般の女性が助けてあげればいいのである。裁判所や村や市の役員として女性たちがもっと参与してもらいたいことを期待している理由は、そのためである。)

とある。ここで周作人は婚姻法公布後の現状[27]を紹介した上で、人民法院や政府組織に女性幹部を参加させるべきだと提案している。この婚姻法とは、1950年5月1日に公布された『中華人民共和国婚姻法[28]』(以下「婚姻法」)である。ではなぜ周作人は度々婚姻法の存在を強調しているのであろうか。

その理由は極めて明快である。婚姻法の第一章の一部を引用すると、我々の疑問はすぐに氷解する。

第一章　原則：

第一条　廃除包弁強迫、男尊女卑、模視子女利益的封建主義婚姻制度。実行男女婚姻自由、一夫一妻、男女権利平等、保護婦女和子女合法利益的新民主主義婚姻制度。

第二条　禁止重婚、納妾。禁止童養媳。禁止干渉寡婦婚姻自由。禁止任何人藉婚姻関係問題索取財物。

(第一条　任せ切りの結婚と強いられた結婚、および、男尊女卑を特徴とし、子女の利益を無視した封建的な婚姻制度を廃止する。男女の自由結婚、一夫一妻、男女権利の平等、女性と子供の法律上の正当な利益が保護される、新しい民主的な結婚制度を実行する。

第二条　重婚と妾をもつことは禁止する。子供の花嫁は禁止する。寡婦の結婚の自由を妨げることを禁止する。結婚を理由に財産を求めることを禁止する。)

このように中国で公布された新しい婚姻法では、男女平等が保障[29]されたほか、妾婦、童養媳、結納金、親の取り決めによる議婚が廃止されている。そして婚姻の自由、男女平等、そして母体としての女性の権利が保障されている。このように周作人が提唱してきた主張の多くが、1950年の婚姻法で実現しており、このように見ると周作人の掲げた理想が結果的に実現したということが理解できる。

ただ、小論で注目している視点――周作人の婚姻のあり方を長期的な視野から見る視点——から検討すると、この結論に辿り着くまでの年月も決して無視してはならない。それが周作人の沈黙期間である。

2-2　26年間の沈黙

前に示した「周作人の婚姻に関する論説一覧」を見ると、我々は奇妙な現象に気がつくだろう。周作人は、前期（1918～27年）に活発な提案を行っているものの、1924年3月3日の「臨嫁潜逃的罪」を最後に政策提案が途絶え、提案を再開するのは1950年7月13日まで待たなければならない。つまり婚姻のあり方に関する彼の提言に関して言えば、実に26年4ヶ月にわたる長き沈黙の期間があるのである。

その原因は俄には即断できないが、幾つかの仮説は想定できる。その一つが理想論を当初主張したが、多くの反論を受けて沈黙し、中国社会の現状を踏まえ、現実論へと転換したものではないかとも考えられる。だが、周作人の主張は前期も後期も首尾一貫しており、彼の理想論は貫徹しているのは、争いようのない事実である。

それでは、なぜ周作人は四半世紀以上にわたる長い沈黙の時期がありながらも、結果的に初志を貫徹し、理想を実現させたのであろうか。その背景を探ると、筆者は周作人による一つの体験が重要な意味を持っているのではないかと考えている。

2-3　周作人の訪問体験

周作人が生涯をかけて取り組んだ女性解放という運動。彼をそこまで継続させた、意志の源泉は一体どこにあったのであろうか。

その解明のヒントが1919年3月『新青年』所載の「日本的新村」に見られる「新しき村」運動の提唱にあったのではないだろうか。

1918年11月、武者小路実篤（むしゃのこうじさねあつ）は同志とともに宮崎県児湯郡木城町に「新しき村」を開村した。集団生活で平等な共同体という理想郷の実現に、周作人は大きな感銘を受け、『新青年』に「日本的新村」を紹介[30]、同年7月には彼自らが「新しき村」を訪問[31]し、ルポルタージュ「訪日本新村記[32]」を残しており、その文面からは彼の興奮と高揚感がありありと感じられる。

サツマイモの苗の植え付けする「新しき村」の人々の作業を手伝った周作人は、鍬の扱い方に不慣れで、なかなか畑の土を深く掘ることが出来なかった。それでも、

回到寓所、雖然很困倦、但精神却極愉快、覚得三十余年来未曾経過充実的生活、隻有這半日才算能超越世間善悪、略識“人的生活”的幸福、真是一件極大的喜悦。

（泊り処に戻った後、体がとても疲れていたが、精神が極めて愉快であった。今までの30年余りは充実した生活を体験したことがないが、この半日だけが世間の善悪を超えて「人間の生活」の幸せを少しだけ味わった。誠に極大な喜びであった。）

と「新しき村」での体験を、彼は単なる幸福という表現ではなく、「人の生活」としての多幸感であることを特記している点に留意したい。筆者はこの「人的生活」の表記は、かつて彼が『新青年』誌上で江湖に問うた「人的文学」の提言と同じ源から流れ出てくるものではないかと考えられるからだ。そして、最も我々が注目すべき発言がこれである。

這精神上的愉快、実非経験者不能知道的。新村的人、真多幸福！我願世人也能够分享這幸福！

（この精神的な幸福感は、経験したものでなければ理解出来ないものだ。新しい村の人たちは、なんと幸せなのだろう！この幸せを、世界の人々が享受できることを私は切に願っている！）

このように、「新しき村」で得たものは体験して初めて理解できるものとし、彼は体験の大切さを明言しているのである[33]。

この体験を通して彼が得た境地は何だったのか。先行研究の李瑾（2010）は、

このような新しい社会（筆者注「新しき村」）では、娼婦は存在せず、一夫一妻制が実行され、女性が乱暴されることも絶対にない、男女の交際と恋愛はむろん自由であり……。周作人はこういった社会こそ、カーペンターのいう女性が本当の自由を実現できる社会だと確信したのではないだろうか[34]。

とあるように、カーペンターの著作の内容は、単なる机上の空論ではなく、実現できるものという希望が周作人に生まれてきたのではなかろうか。その周作人による心の動きが、彼の論評「読武者小路君所作『一個青年的夢』[35]」

にも如実に表れているのである。

近来又読日本武者小路君作的脚本《一個青年的夢》、受了極強的感触……起了一個念頭。覚得"知其不可為而為之"的必要：雖然力量不及、成効難期、也不可不説、不可不做。現在無用、也可播個将来的種子；即使播在石路上、種子不出時、也可聊破当時的沈悶。使人在氷冷的孤独生活中、感到一絲的温味、鼓舞鼓舞他的生意！

（最近、日本の武者小路実篤が書いた台本『ある青年の夢』を読んで、強く心を動かされた。……「無理と知りながらも敢えてやろうとすること」が必要だと感じた。たとえ力が足りなくても、効果への期待をしがたいが、言うこと、やることをやめてはならない。たとえ現在役に立たなくても、将来の種をまくことができる。たとえ撒いたところが石の道で、種は芽が出なくても、当時のうっとうしい社会雰囲気を和らげ、冷たい孤独な生活の中にいる人に一抹の温もりを感じさせ、生きる意欲を高めるのだ！）

複雑で難解な文章が多い周作人にしては、単純明快な文章である。これは彼が、自らの文章に様々な修飾を付けることを忘れるほど感銘を受けたとも考えられるし、また自らの決心がここにあることを銘記するために強いメッセージを明快な文章で表現したのかもしれない。そのどちらであるかは筆者には判然としない。しかし、明確に言えることは、周作人はその後の「新しき村」の体験によって、孤軍奮闘する自分自身の気持ちを再確認し、彼が掲げる両性関係の実現のために実際の行動へと邁進した、それこそが周作人の女性解放に向けた運動の特徴と思われるのである。[36]

周作人と武者小路実篤

三、周作人の考察から見た日中関係に対する提言

小論で得た知見をもとに、今後の日中関係について述べることとしたい。

提言1）自国の考えに囚われず、外国の様々な考え方にも広く耳を傾けること

今回の考察を介して浮かび上がってきた周作人の姿勢。それは自分の国の狭い価値観に拘泥せず、外国からも様々な考え方を広く学ぶという姿勢である。

小論で述べたとおり、周作人が中国で直面していた婚姻問題を解決させた手掛かり、それはすべて外国の考えであった点を我々は無視することはできない。外来の思想や文化を旺盛に取りこもうという周作人の進取の姿勢が、問題を打開したのである。特に中日関係は文化も考え方も異なる国同士である。自国のみならず、もっと広く外国を含めた知見が、問題を解決する可能性があるのだ。

提言2）中日両国間における体験を大切にすること

周作人の言論活動の二つの転機は、與謝野晶子の翻訳と、武者小路実篤の「新しき村」訪問にある。それらはいずれも彼の個人的な体験であったことに我々は注目すべきである。

経験が一般的、客観的であるのに対し、体験は個別的、主観的である。経験は書籍からでも学ぶことができるが、体験は自分が身をもって感じるところに重点があり、実際に見たり、聞いたり、行ったりすること。また、それによって得られた体験は、その後の人生をも大きく動かす可能性を持っているのである。

中国と日本はそれぞれで考え方が異なり、そこに問題が生じるのはやむを得ないことであり、寧ろ当然のことである。その上で中日両国の人々がそれぞれの国を理解し、相互の信頼を得るには、いかなる困難な状況でも諦めず、共に将来に向けた歩みを続けることが必要ではなかろうか。

今回、この小論を作成している過程で筆者はこのような感慨を持った。

周作人の論説は婚姻に関する提言であった。しかし、それにもかかわらず、彼の発言は、そのまま今後の中日関係に向けた提言とも言えるのではないか。例えば、

——たとえ力が足りなくても、やめてはならない。

——現在役に立たなくても、将来の種をまくことができる。

——「無理と知りながらも敢えてやろうとすること」が必要だ。たとえ力が足りなくても、やめてはならない。

今後の中日関係にも様々な矛盾や軋轢が生じることもあるかも知れない。しかし、中日双方の人々が相互に交流の体験を地道に積み重ねることで、相互の交友を育み、共に理解を深めることで、我々は必ず新たな関係を切り拓くことができる。と筆者は信じている。

そして中日両方の人々は、過酷な人生を歩んだ周作人が晩年に残したこの言葉の意味を、深く肝に銘じるべきではなかろうか。

——補救的方法却也不難。(解決方法は難しくない。)

周作人が残した言葉は、将来の中日関係を担おうとする人々に聞こえる声で、今も語りかけてくる。筆者はそう感じるのだ。

おわりに

以上の小論の内容を要約すると以下の通りとなる。

周作人の婚姻に関する言論活動は長く、その期間は半世紀に及んだ。そして、それらの言論活動が集中的に行われたのは、1918 ~ 27年と1949 ~ 51年という二つの時期である。

周作人は與謝野晶子の論説に感銘し翻訳を発表したが、その論説には、どう実践すべきかが述べられていなかった。そのため、周作人はこの課題に向き合い、その段階を一歩進めて、今後男女関係をいかに見直すかという実践段階の提唱に発展させていた。

そのため周作人の特徴は、女性解放を議論の段階から実践へと取り組んだ点にある。その姿勢は、武者小路実篤が開設した「新しき村」の訪問体験により、カーペンターの著作の内容は机上の空論ではなく、実現できるものという希望が生まれてきたからであった。つまり彼の実践の態度が、体験を生み出した。そしてその体験こそが彼の人生を変える原動力となったのである。

図版出典(下記注釈に掲げたもののほかに)

周作人と妻(羽太信子):『周作人研究資料』上巻、天津人民出版社、2014年。

与謝野晶子『日本文学アルバム 第16』亀井勝一郎、野田宇太郎、臼井吉見編、筑摩書房、1955年。

1 『孟子』離婁章句上「孟子曰、不孝有三。無後爲大（不孝に三有り、後無きを大なりと爲す）」孟子がいうに、「不孝には三つ有るが、その中でも、子孫を絶やしてしまって、祖先の祭祀をする者がなくなることが、一番の不孝である」内野熊一郎『新釈漢文大系孟子』（明治書院、1962）274頁参照。

2 「三従」は、古来婦人の守るべきものとされた三つの事柄。結婚前には父に、結婚後は夫に、夫の死後は子に従うということ。典拠は『儀礼』喪服篇不杖期章伝「婦人有三從之義、無專用之道。故未嫁從父、既嫁從夫、夫死從子（婦人、三従の義有りて、専用の道無し。故に未だ嫁さずは父に従ひ、既に嫁しては夫に従ひ、夫死しては子に従ふものなり）」、『礼記』郊特牲篇「婦人有三從之義、無專用之道。故未嫁從父、既嫁從夫、夫死從子（婦人は人に従ふ者なり。幼くしては父兄に従ひ、嫁しては夫に従ひ、夫死しては子に従ふものなり）」等。陳東原『中国婦女生活史』（台湾商務印書館、1937）、任夢渓「『礼記』における女性観」（『文化交渉』4号、2015）等。なお紙幅の関係から引用論文の副題を省略した。以下同じ。

3 「三綱」は、人間の重んずべき君臣・父子・夫婦の三つの道とする儒教倫理説の一つ。田中麻紗巳「三綱の説について」（『集刊東洋学』26、1971）、崔淑芬「中国の女子教育思想と儒教」（『筑紫女学園大学・短期大学部人間文化研究所年報』25、2014）等。

4 女訓書は、女性として身に付けておくべき教養や芸能、処世術上の注意事項を記した書。先行研究としては、山崎純一『教育から見た中国女性史資料の研究』（明治書院、1986年）、同『女四書・新婦譜三部書全釈』（明治書院、2002）。

5 木原葉子「周作人と與謝野晶子」（『日本文学』68号、1987）。

6 與謝野晶子「貞操ハ道徳以上ニ尊貴デアル」（初出『太陽』1915（大正4）年、のち『人及び女として』（天弦堂書房、1916）に収録）。

7 與謝野晶子『愛の創作』（アルス、1923）。

8 周作人「人的文学」（『新青年』5巻6号、1918）。

9 周作人「人的文学」（『新青年』5巻6号、1918）。

10 阿莉塔「周作人と與謝野晶子：両者の貞操論をめぐって」（『九大日文』1号、2002）。

11 李瑾「文学活動初期における周作人の女性観」（『中京学院大学研究紀要』10巻1·2号、2003）、同「周作人と「貞操論」」（『同紀要』11巻2号、2004）。

12 韓玲姫「周作人の女性思想と與謝野晶子の影響」（『国際文化表現研究』9号、2013）。

13 引用した『晨報副鐫』の画像出典は以下の通り。
https://baike.baidu.hk/item/%E6%99%A8%E5%A0%B1%E5%89%AF%E5%88%8A/2526657

14 『晨報』創刊に関しては、武暁桐「日刊紙『晨報』の性格について」（『国際文化研究』22号、2016）。

15 『晨報副鐫』については、盧國華「五四新文學語境的一種解讀」（花木蘭文化事業、2019）。

16 『亦報』に関しては、布莉莉「新中国初期上海的小報文学研究」（『江蘇大学学報（社会科学版）』20巻4期、2018）。

17 『亦報』紙面における周作人の寄稿の経緯は、伍静「“改造”的悖論」（『新聞大学』5期、2018）。

18 中島長文『周作人読書雑記（3）』（平凡社、2018）12 ～ 15頁参照。

19 Edward Carpenter. 1896. Love's coming-of-age : a series of papers on the relations of the sexes.Labour Press（山川菊栄譯『戀愛論』大鐙閣、1921）。

20 ヘンリー・ハヴロック・エリス（Henry Havelock Ellis）は、英国の医師・性科学者。佐藤晴夫訳『性の心理（全7冊）』（未知谷、1995 ～ 1996）。

21 木原葉子「周作人と與謝野晶子」（『日本文学』68号、1987）16頁参照。

22 周作人「貞操論」引言（『新青年』4巻5号、1918年5月）。

23 韓玲姫「周作人の女性思想と與謝野晶子の影響」（『国際文化表現研究』9号、2013）。

24 胡適「易卜生主義」（『新青年』4巻6号、1918）。

25 魯迅「娜拉走後怎様」初出、後に『墳』（未名社、1927）に収録。

26 魯迅による女性解放論については、湯山トミ子「魯迅の子女解放論について」（『現代中国』67号、1993）。

27　詳細は隋藝「1950年「婚姻法」の施行から見た中国社会の変容」(『社会科学研究』73巻1号、2022) 等。
28　中華人民共和国婚姻法 (1950年) については、隋藝「女性解放・婚姻改革から見る中国共産党革命」(『現代中国』90号、2016)、趙杰「中国婚姻法における離婚財産分割に関する法規定の変遷」(『人間文化研究科年報』35号、2020)。
29　大槻信良「旧中国における両性の不平等観」(『支那学研究』34号、1969) 28頁参照。
30　周作人と新しき村については、飯塚朗「周作人・小河・新村」(『関西大学東西学術研究所紀要』8号、1975)、尾崎文昭「五四退潮期の文学状況 (1)」(『明治大学教養論集』207号、1988)、同「(下)」(『同論集』237号、1991)、張福貴「白樺派的「新村理想」与周作人的人学理論」(『西南学院大学国際文化論集』8巻1号、1993) 等。
31　飯塚朗「『新しき村』への道」(『関西大学東西学術研究所紀要』9号、1977)。
32　周作人「訪日本新村記」(『新潮』2巻1号、1919)。
33　周作人は「新しき村」に関する「日本的新村」(『新青年』6巻3号、1919 年3月)、「新村的精神」(『民国日報』1919年11月)、「附：答袁濬昌君」(『新青年』6巻6号、1919年11月)、「新村運動的解説」(『晨報』1920年1月24日)、「工学主義与新村的討論」(『工学』1巻5号、1920年3月)、「新村的理想与実際」(『晨報』1920年6月23-24日)、「新村的討論」(『批評』5号、1920年12月) などがある。
34　李瑾「社会改革による周作人の女性解放論」(『中京学院大学研究紀要』17巻2号、2010) 63～64頁参照。
35　周作人「読武者小路君所作『一個青年的夢』」(『新青年』4巻9号、1918)。
36　周作人と武者小路実篤の写真は董炳月「最後的緑洲」(『二十一世紀雙月刊』2005年4月号) 121頁より転載。

日中関係学会主催「第11回宮本賞（学生懸賞論文)」募集要項

2022年6月

日中関係学会は以下の要領で「第11回宮本賞(学生懸賞論文)」の論文募集を行います。若い世代の皆さんが日本と中国ないし東アジアの関係に強い関心を持ち、よりよい関係の構築のために大きな力を発揮していただきたい、また、日中関係学会の諸活動に積極的に参加していただき、この地域の世論をリードしていってもらいたい。宮本賞はそのための人材発掘・育成を目的とし、2012年からスタートしました。

論文のテーマは日中の政治、経済、文化など幅広い分野を対象としています。専門性の高い研究論文も歓迎しますが、実践報告や体験談をレポート形式でまとめていただいても構いません。オリジナリティがあり、これからの日中関係について明確なメッセージを持った論文・レポートを期待しています。

応募は「学部生の部」と「大学院生の部」に分かれており、審査によってそれぞれの部から最優秀賞１本、優秀賞若干本を選びます。また応募者多数の場合には、特別賞（若干本）をそれぞれに設けます。最優秀賞には副賞として10万日本円、優秀賞には3万日本円、特別賞には5000日本円（図書券）をそれぞれ贈呈します。また受賞者の論文集を日本僑報社から発刊予定です。

受賞者には、特典として日中関係学会への入会資格が与えられます（大学院を含め、卒業まで年会費無料)。また、中国国内の各大学から応募した受賞者の中から、特に優れた論文を執筆された数名を東京で開催される表彰式・若者シンポジウム（2023年3月中旬以降に開催予定）に招待する予定です。航空運賃などの交通費・宿泊費は学会が負担します。

宮本賞の詳細は、日中関係学会HPをご参照ください。

http://nichuukankei.web.fc2.com/index.html

第11回宮本賞
推薦・指導いただいた主な団体・各大学の先生・過去受賞の皆様

諸団体

日本華人教授会議（代表：熊達雲）、NPO中国留学生交流支援・立志会（理事長：王紅）、九州中国研究会（会長：田中旬一）、中国現代史研究会（理事長：日野みどり）、中国日本語研究会（会長：周異夫）、日中交流研究所（所長：段躍中）、日本科学協会（会長：高橋正征）

日本の大学

阿古智子（東京大学大学院教授）、王敏（前法政大学教授）、郝燕書（明治大学教授）、梶原義実（名古屋大学教授）、勝山稔（東北大学教授）、菅野真一郎（東京国際大学特任教授）、川村範行（名古屋外国語大学特任教授）、刈間文俊（東京大学名誉教授）、郝仁平（東洋大学教授）、金群（早稲田大学教授）、黄磷（神戸大学教授）、朱建榮（東洋学園大学教授）、周瑋生（立命館大学教授）、高久保豊（日本大学教授）、高原明生（東京大学教授）、多田稔（明治大学教授）、張兵（山梨県立大学教授）、陳継東（青山学院大学教授）、露口洋介（帝京大学教授）、范云涛（亜細亜大学教授）、寳劔久俊（関西学院大学教授）、真家陽一（名古屋外国語大学教授）、藪内正樹（敬愛大学経済学部中国ビジネス総合研究所）、結城佐織（アメリカ・カナダ大学連合日本研究センター講師）、熊達雲（山梨学院大学教授）、兪敏浩（名古屋商科大学准教授）、劉永鴿（東洋大学経営学部教授）、吾妻重二（関西大学教授）

中国の大学

袁志海（西安外国語大学准教授）、王奕紅（南京大学教授）、王忻（杭州師範大学教授）、王建英（華東師範大学教授）、王書瑋（北京科技大学教授）、王静波（浙江工業大学講師）、郭挙昆（重慶師範大学教授）、郭連友（北京外国語大学教授）、夏晶（武漢大学准教授）、賈臨宇（浙江工商大学准教授）、姜弘（北京師範大学外文学院日文系准教授）、邢永鳳（山東大学教授・日本語学科主任）、胡鳴（浙江省旅游職業学院教授）、高潔（上海外国語大学教授）、高希敏（大連民族大学講師）、黄育紅（華東理工大学准教授）、孔繁志（首都師範大学教授）、呉英傑（対外経済貿易大学外語学院准教授）、呉春燕（広東工業大学外国語学部准教授・副院長）、呉少華（西安外国語大学教授）、呉琳（温州大学日本語科副主任）、蔡建国（同済大学教授）、時代（瀋陽大学准教授）、謝秦（上海外国語大学准教授）、肖霞（山東大学教授）、肖平（浙江工商大学教授）、蔣芳婧（天津外国語大学高級翻訳院准教授）、鄒双双（中山大学准教授）、盛文忠（上海外国語大学教授）、節大磊（北京大学教授）、銭昕怡（中国人民大学准教授）、孫偉（首都師範大学准教授）、宋剛（北京外国語大学准教授）、孫若聖（東華大学准教授）、湯伊心（海南師範大学講師）、張艶萍（西北大学教授）、張彦麗（北京大学准教授）、張建（上海外国語大学日本文化経済学院教授・副院長）、張厚泉（上海財経大学教授）、張平（四川大学准教授）、沈海涛（吉林大学国際政治研究所教授）、陳毅立（同済大学准教授）、陳雪（華東理工大学講師）、陳多友（広東外語外貿大学教授）、丁紅衛（北京外国語大学北京日本学研究センター准教授）、程莉（武漢大学講師）、竇心浩（上海外国語大学教授）、鄧超群（湖南大学助教）、任川海（上海外国語大学准教授）、林工（上海外国語大学外国人教員）、馬永平（西南民族大学教授・外国語学院副院長）、潘蕾（北京外国語大学北京日本学研究センター准教授）、毋育新（西安外国語大学教授）、彭曦（南京大学准教授）、龐焱（広東外語外貿大学教授）、葉琳（南京大学教授）、李静（瀋陽師範学院講師）、李東軍（蘇州大学教授）、李斌（南京大学講師）、劉芳（大連外国語大学准教授）、呂雷寧（上海財経大学准教授・院長輔佐）

過去受賞者

江暉（中山大学外国語学院副教授、第2回最優秀賞）、方淑芬（日本大学、第4回最優秀賞）、張鴻鵬（信陽師範学院教授、第4回優秀賞）、勾宇威（中国人民大学、第5回特別賞）、陳星竹（北京大学、第6回特別賞）、朱杭珈（一橋大学、第6回特別賞）、王羽晴（中山大学、第7回最優秀賞）、邱吉（関西大学、第7回優秀賞）、李嫣然（南京大学、第7回優秀賞）

第11回宮本賞　審査委員会・実行委員会メンバー

審査委員会

審査委員長：宮本雄二（元駐中国大使、日中関係学会会長）

審査委員（学部生の部）：

大久保勲　福山大学名誉教授、日中協会顧問、中国経済経営学会顧問、中国研究所顧問
杉本勝則　元参議院法制局法制主幹、日中関係学会理事、ｱｼﾞｱ・ﾕｰﾗｼｱ総合研究所研究員
露口洋介　帝京大学経済学部教授、日本銀行初代北京事務所長、日中関係学会評議員
林千野　国際経済連携推進センター客員研究員、日中関係学会副会長
藤村幸義　拓殖大学名誉教授、日中関係学会監事
武小燕　愛知大学国際問題研究所・客員研究員、中京大学教養教育研究院・非常勤講師、日中関係学会評議員
松野豊　日中産業研究院代表取締役、清華大学特別招請専門家、元清華大学野村総研中国研究中心副主任、日中関係学会評議員

審査委員（大学院生の部）：

西村成雄　大阪大学名誉教授、孫文記念館名誉館長、日中関係学会理事
加藤青延　元NHK解説委員、武蔵野大学特任教授、日中関係学会副会長
国吉澄夫　元東芝中国室長、日中関係学会副会長
高山勇一　元現代文化研究所常務取締役、日中関係学会顧問
村上太輝夫　朝日新聞論説委員、日中関係学会理事
吉田明　前清華大学外国語学部日本語教員、元朝日新聞記者、日中関係学会会員

宮本賞実行委員会

委員長：林千野
副委員長：国吉澄夫、村上太輝夫、川村範行、伊藤正一
委員：江越眞、高山勇一、藤村幸義、方淑芬、松野豊、三村守

これまでの主な応募大学一覧

中国大陸の大学（あいうえお順）

●青島大学（山東）●青島濱海学院（山東）●煙台大学（山東）●外交学院（北京）
●嘉興学院（浙江）●華東師範大学（上海）●華東理工大学（上海）
●華南師範大学（広東）●広東外国語外貿大学（広東）●広東工業大学（広東）
●広東財経大学（広東）●広西城市職業大学（広西）●曲阜師範大学（山東）
●吉林大学（吉林）●吉林華僑外国語学院（吉林）●杭州師範大学（浙江）
●江西理工大学（広西）●国際関係学院（北京）●湖南大学（湖南）
●湖南師範大学（湖南）●三江大学（江蘇）●山東大学（山東）
●山東財経大学（山東）●四川外国語大学（重慶）●四川軽化工業大学（四川）
●上海外国語大学（上海）●上海海事大学（上海）●上海交通大学（上海）
●上海財経大学（上海）●上海師範大学（上海）●上海商学院（上海）
●重慶師範大学（重慶）●首都師範大学（北京）●瀋陽工業大学（遼寧）
●信陽師範学院（河南）●西安外国語大学（陝西）●西安交通大学（陝西）
●清華大学（北京）●西南大学（重慶）●西南民族大学（四川）●西北大学（陝西）
●浙江工業大学（浙江）●浙江工商大学（浙江）●蘇州大学（江蘇）
●対外経済貿易大学（北京）●大連外国語大学（遼寧）●大連民族大学（遼寧）
●中国江南大学（江蘇）●中国人民大学（北京）●中国政法大学（北京）
●中山大学（広東）●中南大学（湖南）●長春師範大学（吉林）
●天津外国語大学（天津）●天津科学技術大学（天津）●天津師範大学（天津）
●東華大学（上海）●同済大学（上海）●南開大学（天津）●南京大学（江蘇）
●南京工業大学（江蘇）●南京師範大学（江蘇）●南通大学（江蘇）
●武漢大学（湖北）●復旦大学（上海）●北京大学（北京）
●北京外国語大学（北京）●北京科技大学（北京）●北京師範大学（北京）
●北京第二外国語学院（北京）●北京理工大学（北京）●遼寧師範大学（遼寧）

これまでの主な応募大学一覧

日本国内の大学（あいうえお順）

●愛知大学　●愛知県立大学　●青山学院大学　●亜細亜大学
●アメリカ・カナダ大学連合日本学研究センター　●大阪大学　●桜美林大学
●神奈川工科大学　●神奈川大学　●関西大学　●関東学院大学
●関西外国語大学　●九州大学　●京都大学　●京都外国語大学　●杏林大学
●慶応義塾大学　●神戸大学　●静岡県立大学　●大東文化大学　●拓殖大学
●東京大学　●東京外国語大学　●東京学芸大学　●東京工業大学
●東京都立大学　●東北大学　●東洋大学　●中央大学　●同志社大学
●名古屋大学　●名古屋学院大学　●日本大学　●二松学舎大学　●一橋大学
●北海道大学　●明海大学　●明治大学　●名城大学　●明星大学
●山梨県立大学　●横浜国立大学　●立教大学　●立命館大学　●麗澤大学
●早稲田大学

第1回宮本賞受賞者（2012年）

最優秀賞（1編）

謝宇飛（日本大学大学院商学研究科博士前期課程2年）
アジアの未来と新思考経営理論 —「中国発企業家精神」に学ぶもの—

優秀賞（2編）

宣京哲（神奈川大学大学院経営学研究科博士後期課程修了）
中国における日系企業の企業広報の新展開 —「期待応答型広報」の提唱と実践に向けて—

馬嘉繁（北海道大学大学院経済学研究科博士後期課程）
中国国有企業における民主的人事考課の実相 —遼寧省における国有銀行の事例分析—

奨励賞（3編）

周曙光（法政大学大学院人文科学研究科修士課程2年）
清末日本留学と辛亥革命 —留学ブームの成因及び辛亥革命への影響の一考察—

長谷亮介（法政大学大学院人文科学研究科博士後期課程1年）
現状において日中関係を阻害する要因の考察と両国の将来についての展望

山本美智子（中国・清華大学国際関係学研究科修士課程）
日中国交正常化以降の両国間の経済貿易関係
—日中経済貿易関係に影響を与える政治要因を分析する—

努力賞（1編）

沈道静（拓殖大学国際学部4年）　尖閣問題を乗り越えるには

第2回宮本賞受賞者（2013年）

最優秀賞（1編）

江暉（東京大学学際情報学府Ⅲ博士課程）　中国人の『外国認識』の現状図
～8ヶ国イメージ比較を通じて日本の位置づけに焦点を当てて

優秀賞（3編）

長谷川玲奈（麗澤大学外国語学部4年）
中国人富裕層をターゲットとするメディカルツーリズムの可能性
～亀田総合病院の事例研究を中心に～

周会（青島大学日本語学部3年）　冬来たりなば春遠からじ —中日関係への体験談—

佐々木亜矢（愛知大学現代中国語学部卒業、中青旅日本株式会社中部営業本部勤務）
華僑・華人のアイデンティティについて —変化し続けるアイデンティティー

佳作（4編）

鈴木菜々子（明治大学経営学部4年）
中国における日系小売業の企業内教育に関する一考察 —CIY社の事例より—

劉暁雨（立命館アジア太平洋大学アジア太平洋学部4年）
心の繋がりからみる東アジア平和的な未来

桑建坤（西南大学4年）　中日両国の社訓に関する対照考察

龔䶮珑（上海外国語大学研究生部修士課程卒業）
中国市場におけるユニクロの成功要因 —ブランド構築を中心に—

第3回宮本賞受賞者（2014年）

最優秀賞（1編）

間瀬有麻奈（愛知県立大学外国語学部中国学科4年）　日中間の多面的な相互理解を求めて

優秀賞（6編）

佐々木沙耶（山梨県立大学国際政策学部3年）
日中間における歴史教育の違いに関する一考察

陸小璇（中国人民大学4年）
日本人の『甘え』心理の働き方 ―漫画『ドラえもん』を中心に―

韓静ほか6人（日本大学商学部3年）
日本における外国人学生の就職と大学の支援施策に関する一考察

陳嵩（東京大学大学院学際情報学府博士課程後期課程5年）
尖閣諸島（釣魚島）問題をめぐる反日デモに対する中国民衆の参加意欲
および規定要因に関する所得階層ごとの分析

丁偉偉（同志社大学大学院社会学研究科博士後期課程2年）
日中関係促進とテレビ番組の役割に関する一考察
―中国中央テレビ『岩松が日本を見る』の分析を例に―

王鳳陽（立命館大学・政策科学研究科・D2）
食品安全協力の視点から日中関係の改善を考える

佳作（5編）

丸山健太（早稲田大学政治経済学部国際政治経済学科3年、北京大学国際関係学院双学位留学生）
中国における非効率的市場の存続
―売り手の行動に着目したゲーム理論的分析とその原因の考察―

渡辺航平（早稲田大学法学部3年、北京大学国際関係学院）
僕らの日中友好@北京活動報告レポート

耿小蘅（中国人民大学日本語学科13年卒業）
日本メディアの中国進出についての研究
―『朝日新聞中文網』の中国報道記事を中心に―

王暁健さん（中国人民大学国際関係学院外交学系大学院1年）
中日協力の視点から見る東アジア経済一体化の可能策

張鶴達（神戸大学大学院法学研究科国際関係論研究生）
日本の対中政策における支援と抑止 －長期的戦略と短期的目標－

第4回宮本賞受賞者（2015年）

最優秀賞（1編）

方淑芬（日本大学商学部3年）、董星（同4年）、関野憲（同3年）、
陳文君（同3年）、小泉裕梨絵（同2年）、姜楠（同2年）
日中経済交流の次世代構想　～華人華僑の新しい日本展開を巡って～

優秀賞（7編）

幡野佳奈（山梨県立大学国際政策学部4年）
日中映画交流の歴史と意義 ～高倉健の事例を中心に～

倪木強（日本大学商学部3年）、佐藤伸彦（同4年）、
趙宇鑫（同3年）、韓姜美（同3年）、林智英（同2年）
日本企業は中国リスクをどう捉えるか
～中国労働者の権利意識に関するアンケート調査からの示唆～

福井麻友（明治大学経営学部4年）
在中日系企業の中間管理者の確保に関する一考察

張鴻鵬（名城大学法学研究科博士課程後期3年）
陸軍中将遠藤三郎の『非戦平和』思想と日中友好活動

龍蕾（広東外語外貿大学東方言語文化学院日本語言語文化研究科博士課程前期2年）
中国清朝末期における福沢諭吉認識への一考察

堀内弘司（早稲田大学アジア太平洋研究科博士課程2015年3月修了）
中国在住の日本人ビジネスパーソンらの異文化社会適応のアスペクト
―Swidlerの『道具箱としての文化』の理論を援用した考察―

胡優（立命館大学大学院政策科学研究科博士課程前期2年）
日中韓三国の排出権取引制度のリンクについて

佳作（5編）

西野浩尉（明治大学経営学部4年）
日中企業の評価制度比較と企業経営への影響

艾鑫（北京師範大学外国言語文学学院4年）
戦後国民党対日賠償放棄の出発点についての研究
―蒋介石『以徳報怨』の方針と賠償請求権の放棄をめぐって

盧永妮（北京外国語大学北京日本学研究センター社会コース博士課程前期2年）
21世紀初頭における日本経済界の対中認識について

宋鄧鵬（広東外語外貿大学東方言語文化学院日本語言語文化研究科博士課程前期1年）
中国人の爆買いをめぐる一考察

李書琴（北京外国語大学北京日本学研究センター社会コース博士課程前期2年）
中日関係における国家中心主義及びその衝撃

第5回宮本賞受賞者（2016年）

最優秀賞（2編）

苑意（東京大学教養学部3年）、李文心（同3年）
日中外交関係の改善における環境協力の役割 ―歴史と展望―

楊湘云（北京第二外国語学院日本語言語文学研究科2015年7月卒業）
21世紀中国における日本文学翻訳の特徴 ～文潔若『春の雪』新旧訳の比較を通して～

優秀賞（6編）

高橋豪（早稲田大学法学部3年）
日中関係のカギを握るメディア ―CRI日本語部での経験を交えて―

王嘉龍（北京第二外国語学院日本語学部2016年7月卒業）
日系企業の中国進出についての文化経営研究 —ユニクロを例にして—

宮嵜健太（早稲田大学商学部1年）
『草の根』の日中関係の新たな構築 ～農業者、農協の交流を通して～

田中マリア（早稲田大学政治学研究科博士課程後期2016年3月満期退学）
日中関係における競争と協力のメカニズム ～アジア開発銀行（ADB）とアジアインフラ投資銀行（AIIB）の相互作用を事例として～

李坤（南京大学外国語学部博士課程前期2年） 中日におけるパンダ交流の考察

賈玉龍（大阪大学大学院人間科学研究科博士課程後期1年）
草の根からの日中平和 —紫金草平和運動を中心に—

特別賞（7編）

渡邊進太郎（日本大学商学部3年＝代表）、岡野正吾（同4年）、河合紗莉亜（同2年）、橋本清汰（同2年）、山口掌（同2年）
ハイアールのネット化戦略を読み解く —日立、アイリスオーヤマとの比較を中心に—

戴岑仔（上海外国語大学日本文化経済学院4年） 日中における東アジアFTA政策

小泉裕梨絵（日本大学商学部3年＝代表）、原田朋子（同4年）、林智英（同3年）、池田真也（同3年）、伊東耕（同2年）、仲井真優豪（同2年）
アリババが生む中国的ビジネスイノベーション —ビジネス・エコシステムの新展開—

岩波直輝（明治大学経営学部4年） 爆買いの衰退から見る日中関係

エバン・ウェルス（アメリカ・カナダ大学連合日本研究センターウィスコンシン大学マディソン校歴史学部博士課程後期3年）
大豆貿易の政治的商品への過程 —日中の協力と競争をめぐって—

勾宇威（北京師範大学歴史学院博士課程前期1年）
歴史認識と中日の未来 ～歴史に学び、歴史に束縛されないように～

村上昂音（東京外国語大学総合国際学研究科博士課程後期2年）
日中における生活系廃棄物減量化について
～ベストプラクティスに見るゴミを減らすためのソリューション～

第6回宮本賞受賞者（2017年）

最優秀賞（1編）

浦道雄大（横浜国立大学経済学部3年） 日中経済とシェアリングエコノミー

優秀賞（7編）

河合紗莉亜（日本大学商学部3年＝代表）、魏英（同3年）、山口掌（同3年）、有田俊稀（同2年）、大平英佑（同2年）、影浦秀一（同2年）、伴場小百合（同2年）、山縣涼香（同2年）、山中舜（同2年）
訪日中国人に伊豆の国市の魅力を伝える ～中国人留学生とのパンフレット作製を通じて～

山本晟太（大阪大学外国語学部4年）
フィールドを通じて深まる日中相互理解と協働関係構築への試み
～雲南省でのフィールドワークを例に～

王婧瀅（清華大学人文学部3年）
中日国民関係の改善におけるメディアの役割 〜落語『死神』からの発想〜

張嘉琳（明治大学経営学部4年）
在中国日系企業における現場改善活動に関する一考察

白宇（南京大学外国語学院博士課程前期2年）、坂井華海（九州大学大学院地球社会統合科学府博士課程前期1年）
日本語を専門とする中国人学生の日本語学習動機と習得状況の関係
〜蘭州理工大学と南京大学の比較を通して〜

徐博晨（東京大学大学院総合文化研究科博士課程後期4年）
北朝鮮核問題におけるアメリカの外交戦略と中国と日本の役割
〜強制外交及び安心供与の視点から

陶一然（立命館大学社会学研究科博士課程前期1年）
日中戦争初期における中国世論の影響
〜『申報』から見る中国『徹底抗戦』世論の形成と戦争の拡大

特別賞（8編）

朱杭珈（中国嘉興学院外国語学院2016年卒）
三ツ星『日中民間交流活動』作り方探索〜日中民間交流活動のあり方についての体験談〜

長澤成悟（日本大学商学部3年＝代表）、池田真也（同4年）、黄鶯（同3年）、谷口滉（同3年）、金子拓斗（同2年）、結城里菜（同2年）
中国・日本のメイカームーブメントから探るモノづくりの新たな一断面
〜衆創空間の深化に着目して〜

陳星竹（西安交通大学外国語学部2017年6月卒業）
テキストマイニングに基づく日本外交談話の分析
〜外務省記者会見における談話を例として〜

趙書心（上海外国語大学日本文化経済学院2017年6月卒業）
太宰治『十二月八日』におけるアイロニー

中島大地（一橋大学大学院言語社会研究科博士課程前期2年）
青年層における日中文化交流の現状と展望
〜小説、映画、アニメ、伝統文化、観光の概観を通して〜

丹波秀夫（復旦大学外国語学院日語語言文学系博士課程2年）
中国の日本語学科生における学習動機の変遷と教師の役割についての考察
〜学習継続プロセスの仮説モデル提起の試み〜

周渝陽（武漢大学外国語言文学学院博士課程前期3年）
大正期の総合雑誌における五四運動の捉え方
〜1919年の『中央公論』と『太陽』を中心に〜

宋暁煜（名古屋大学大学院国際言語文化研究科博士課程後期満期退学）
スペンサーの進化論の翻訳と重訳
〜日本語訳『政法哲学』とその二つの中国語訳をめぐって〜

第7回宮本賞受賞者（2018年）

最優秀賞（2編）

王羽晴（中山大学外国語学部日本語学科4年）
新たな時代の中国における日本文化の流行
～時代・国家・企業・メディアと個人からの考察～

李国輝（早稲田大学アジア太平洋研究科博士課程後期4年）
国際緊急援助と災害外交　～四川大震災後における日中の地震外交～

優秀賞（5編）

劉崢（南開大学外国語学院日本言語文学科2年）
中日モバイル決済の比較研究

山宮朋美（明治大学経営学部3年＝代表）、荻原菜都子（同3年）、中村悠河（同3年）、阿部アンドレ（同3年）、黄嘉欣（同3年）
アメーバ経営の中国導入の考察

李嫣然（南京大学外国語学部日本語科博士課程前期2年）
中国の日本ブームにおけるセルフメディアの有様と役割
～2014年から2017年にかけて～

邱吉（関西大学東アジア文化研究科博士課程前期2年）
王一亭の日本交友からみた日中関係と今後への模索
～水野梅暁・長尾雨山・山本竟山を中心に～

張姝蕊（遼寧師範大学外国語学部日本語科博士課程前期1年）
日本の文化財保護に関する一考察及び中国への啓発

特別賞（7編）

呉沁霖（同済大学外国語学部日本語学科3年）
日中関係と介護サービス

大西達也（明治大学経営学部4年）
なぜ中国ではスタートアップ・ベンチャー企業が育ちやすいのか？

結城里菜（日本大学商学部3年＝代表）、黄鶯（同4年）、有田俊稀（同3年）、李鍾榮（同3年）、加藤司（同3年）、孔繁羽（同3年）、王思鋭（同2年）、武田実沙子（同2年）
ロボットが繋ぐ日中関係
～広がる「中国智造」への波～

邵馨儀（上海外国語大学日本文化経済学院日本語科2018年6月卒業）
翻訳における人工知能の応用と啓示

王継洲（早稲田大学社会科学研究科博士課程後期4年）
蠟山政道の東亜協同体論
～日中戦争を収拾する手段として～

文佰平（大連外国語大学日本語学院日本語言語文学科博士課程前期3年）
「訳文学」理論に基づく日本現代詩歌の中国語訳について
～日本の「三行情書」を中心に～

張鳳熙（武漢大学外国語学院日本語言語研究科2018年6月卒業）
知の越境　～中国新聞学草創期における日本新聞学著作の受容～

第8回宮本賞受賞者（2019年）

最優秀賞（1編）

鈴木日和（慶應義塾大学法学部政治学科2年）
　日本の若年層を中心とする対中世論改善の可能性

優秀賞（6編）

辜傲然（上海師範大学外国語学部日本語学科3年）
　近代日本のアジア主義とその現代における可能性

査怡彤（東洋大学経済学部国際経済学科3年）
　地域創生に着目した日中学生から発信する文化交流事業
　～新たな交流でグローバル人材を育成～

橋本紗弥（日本大学商学部3年＝代表）、岩渕晶（同3年）、孔繁羽（同3年）、楊旻昊（同3年）、
川内皓平（同3年）、柴田大成（同3年）、齊藤隆太（同3年）、林冠璇（同3年）
　民泊ビジネス飛躍への示唆　～途家（トゥージア）の経営手法に着目して～

劉毅（中山大学外国語学院日本語言語文学研究科博士課程前期2年）、盤大琳（同2年）
　中国における2020年東京五輪に関するネット世論の研究
　～ウェイボー内容の感情分析に基づき～

楊亜楠（早稲田大学社会科学研究科博士課程後期4年）
　中国男女別定年制及びその改正に関する研究
　～日本の裁判例による示唆に基づいて～

馬雲雷（北京外国語大学北京日本学研究センター博士課程前期2年）
　方正県石碑事件についての一考察

特別賞（7編）

向宇（海南師範大学外国語学院日本語専攻2019年6月卒）
　日本マンゴー産業のブランド化を例に　～海南マンゴー産業発展の考察～

王潤紅（湖南師範大学外国語学院日本語学部3年）、高慧（同3年）、田原（同3年）
　中国における日本映像ファンサブの現状調査

末次礼奈（明治大学経営学部3年＝代表）、森山凌平（同3年）、川辺瑠美（同3年）、
小嶋巴幾（同3年）、王錦濤（同3年）
　製造ライン自動化における多能工人材の存在意義を問う
　～中国からはじまる自動化～

羅静雯（広東工業大学外国語学院日本語学部4年）
　食卓上の精神

周晨曦（上海外国語大学日本文化経済学院日本近現代文学研究科博士課程後期2018年6月卒業）
　武田泰淳の「侠女」世界　～『十三妹』論～

韓亦男（南京大学外国語学院日本語比較文学研究科博士課程前期2年）
　中国都市ゴミ処理の課題　～日本のゴミ分別に何を学ぶか～

韓梅（華東理工大学外国語学院日本語研究科博士課程前期1年）
　ゴミ分別で何が変わる？　～「食品ロス」削減への提案～

第9回宮本賞受賞者（2020年）

最優秀賞（2編）

吉田泰地（日本大学商学部経営学科3年＝代表）、楊旻昊（同3年）、内田海斗（同3年）、佐藤藍里（同3年）、伴場順美（同2年）、檜山かな子（同2年）、松室直友樹（同2年）
中国でドローン産業が育つのはなぜか？　～日本ドローン産業育成への示唆～

南部健人（北京大学大学院中国語言文学部中国近現代文学専攻博士課程前期2020年1月修了）
老舎の対日感情の変化　～「日中友好」を再考する～

優秀賞（6編）

劉牧原（中国人民大学外国語学部日本語学科3年＝代表）、肖蘇揚（同外国語学部日本語学科3年）、何暁華（同財政金融学部金融学科3年）、潘雨葳（同外国語学部英語学科3年）、陳諾（同外国語学部英語学科3年）
日本人大学生の対中認識とその影響要因に関する一考察
～中国留学経験の有無の比較を中心に～

杜沁怡（浙江工業大学外国語学部日本語学科4年）
日中比較による中国アニメ産業の一考察

于明珠（上海外国語大学日本文化経済学院日本語学科2020年6月卒業）
改革開放後における和製漢字語の中国への流布と影響

鲍瑜欣（中国人民大学外国語学院日本語学科3年）、白氷玉（同3年）、李楽涵（同3年）
中国メディアの日本関連新型コロナ報道にみる日本の国家イメージ　～環球網を例に～

王颪（二松学舎大学文学研究科博士課程前期1年）
夏目漱石の漢詩について　～言語と思想の特徴および漢文学からの影響～

岡本紀笙（北京大学大学院燕京学堂1年）
人道的観点に立脚した日中関係の構築へ向けて
～日中政府間の歴史認識問題を事例として～

特別賞（7編）

林悦（華東理工大学外国語学部日本語科2020年6月卒業）
日本のサブカルチャーにおける役割語の使用と翻訳
～ゲーム『ダンガンロンパ』を用いて～

飯田由樹　（明治大学経営学部経営学科4年）
自動車産業におけるビジネスモデルの一考察　～中国の外資開放の意味とは～

任依婷（北京外国語大学日本語学部2020年6月卒業）
戦時期日本の婦人雑誌にみる植民地主義
～『主婦之友』における中国関連記事の分析を中心に～

李珏（北海道大学国際広報メディア・観光学院博士課程後期3年）
映画の公開状況から見る日中両国の相互理解上のギャップ

武鐘吉（アメリカ・カナダ大学連合日本研究センター 2020年8月修了）
満鉄と近代中国の工業化　～中日関係における展望～

王慧（北京外国語大学日本学研究センター博士課程前期２年）
南原繁の大学教育論　～中国における大学教育の現状に対する啓発～

張語鑠（北京外国語大学日本学研究センター文化コース博士課程前期2年）
日本の歴史的観光地に対する中国人観光客の評価に関する考察　～浅草寺を例に～

第10回宮本賞受賞者（2021年）

最優秀賞（1編）

郭秋欒、魏文君（南京大学外国語学部日本語学科3年）
ポストコロナ時代における中国オンラインツアー産業の現状と展望
〜日本からの示唆〜

優秀賞（5編）

陳傲（南京大学外国語学部日本語学科3年）
ソーシャルメディア時代における日中相互理解増進の試みについての考察
〜竹内亮監督『私がここに住む理由』を例にして〜

耿雅凝（瀋陽大学外国語学部日本語学科4年）
中国の躺平（タンピン）族の社会的分析　〜日本の若者研究と比較して〜

雨宮亮（明治大学経営学部4年）
日中金融協力と今後の展望　〜中国金融市場に対してどう向き合うか〜
（受賞者ご本人の事由により、受賞作品の論文集への掲載は辞退されました）

曽小蘭（東北大学大学院国際文化研究科博士3年）
鄭伯奇青年はなぜ『国民文学』を唱えたのか　〜世界主義と世界人の視点から〜

楊妍（東北大学大学院国際文化研究科 GSICSフェロー）
清末女子学生の日本留学体験　〜近代日本における異文化の融合と衝突〜

黄嘉欣（明治大学大学院経営学研究科博士後期課程1年）
中国河北省普陽鉄鋼におけるアメーバ経営の導入の成功要因

特別賞（6編）

袁藹怡（中山大学外国語学部日本語学科4年）
21世紀以降の中国における芥川龍之介文学の翻訳出版

楊皓然（大連民族大学外国語学部日本語学科4年）
若者のSNS利用に関する実態調査　〜中日両国の大学生を対象に〜

胡孟雪（上海外国語大学日本文化経済学院国際貿易（日本語）学科4年）
RCEP下の中日韓自由貿易地域建設の可能性を考える　〜農産物貿易の視点から〜

及川純（北京大学燕京学堂修士2年）
日本の新聞における『一帯一路』報道
〜朝日・日経・産経三紙の対中報道姿勢の分析〜

張陽（関西大学東アジア文化研究科博士後期3年）
『下学邇言』における「神儒折衷」　〜国学受容と形而上学の欠如〜

楊中奕（上海外国語大学日本文化経済研究科博士課程1年）
日中比較による競技ダンス界の一考察
〜現状と発展・プロとアマ・オフラインとオンライン〜

■監修　元駐中国大使 宮本雄二（みやもと ゆうじ）

1969年外務省入省。以降3度にわたりアジア局中国課に籍を置くとともに、北京の在中華人民共和国日本国大使館駐在は3回を数える。90年から91年には中国課長を、2006年から10年まで特命全権大使を務める。このほか、85年から87年には軍縮課長、94年にはアトランタ総領事、01年には軍備管理・科学審議官、02年には駐ミャンマー特命全権大使、04年には沖縄担当大使を歴任。現在は宮本アジア研究所代表、日中友好会館会長代行、日中関係学会会長。著書に『これから、中国とどう付き合うか』（日本経済新聞出版社）、『激変ミャンマーを読み解く』（東京書籍）、『習近平の中国』（新潮新書）、『強硬外交を反省する中国』（PHP新書）、『日中の失敗の本質―新時代の中国との付き合い方』（中公新書ラクレ）。

■編者　日中関係学会

21世紀の日中関係を考えるオープンフォーラムで、「誰でも参加できる」「自由に発言できる」「中国の幅広い人々と交流していく」をキャッチフレーズに掲げている。主な活動としては、①研究会・シンポジウムを随時開催、②毎年、「宮本賞」学生懸賞論文を募集、③学生を中心とした青年交流部会を開催、④ビジネス実務者による中国ビジネス事情研究会の開催、⑤ホームページ「中国NOW」で、中国の政治・経済などの情報を提供、⑥newsletter（年3回）の発行、などがある。会員は約500名。

若者が考える「日中の未来」vol.9

嫌中感情に打ち勝つ「華流」の可能性

―第11回宮本賞 受賞論文集―

2023年3月25日　初版第1刷発行

監　修　　元駐中国大使 宮本雄二（みやもと ゆうじ）
編　者　　日中関係学会
発行者　　段景子
発売所　　株式会社日本僑報社
〒171-0021 東京都豊島区西池袋3-17-15
TEL03-5956-2808　FAX03-5956-2809
info@duan.jp
http://jp.duan.jp
e-shop「Duan books」
https://duanbooks.myshopify.com/

2023 Printed in Japan.　ISBN978-4-86185-333-3　C0036

忘れられない**中国滞在エピソード** 第5回受賞作品集

驚きの連続だった中国滞在

最優秀賞（中国大使賞）

高校生 **中ノ瀬幸**さん

特別賞

衆議院議員 前国土交通大臣 **赤羽一嘉**さん

俳優 旅人 **関口知宏**さん

俳優 **矢野浩二**さん

など47人著　段躍中編

ISBN978-4-86185-328-9　定価2500円＋税

受賞作品集シリーズ（5冊）

第4回 **中国生活を支えた仲間**
落語家 林家三平　会社員 田中伸幸 など47人著
定価2500円＋税

第3回 **中国産の現場を訪ねて**
衆議院議員 海江田万里・参議院議員 矢倉克夫
会社員 池松俊哉 など82人著 定価2600円＋税

第2回 **中国で叶えた幸せ**
衆議院議員 鈴木憲和　大学院生 乗上美沙 など
77人著 定価2500円＋税

第1回 **心と心つないだ餃子**
衆議院議員 伊佐進一　小島康誉 など44人著
定価2200円＋税

忘れられない中国留学エピソード
衆議院議員 近藤昭一　参議院議員 西田実仁 など
48人著 定価2600円＋税

私たちも参加しています!!

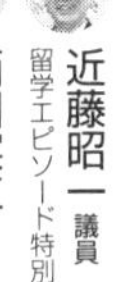

近藤昭一議員　留学エピソード特別賞
西田実仁議員　留学エピソード特別賞
伊佐進一議員　第1回特別賞
清華大学 **原麻由美**さん　第1回最優秀賞・中国大使賞
鈴木憲和議員　第2回特別賞
早稲田大学大学院 **乗上美沙**さん　第2回最優秀賞・中国大使賞
海江田万里議員　第3回特別賞
矢倉克夫議員　第3回特別賞
会社員 **池松俊哉**さん　第3回最優秀賞・中国大使賞
落語家 **林家三平**さん　第4回特別賞
会社員 **田中伸幸**さん　第4回最優秀賞・中国大使賞
赤羽一嘉議員　第5回特別賞
俳優 旅人 **関口知宏**さん　第5回特別賞
俳優 **矢野浩二**さん　第5回特別賞
上海外国語大学 **中ノ瀬幸**さん　第5回最優秀賞・中国大使賞

※肩書は受賞当時のものです

中国滞在エピソード友の会 **中友會**　揮毫 **福田康夫**
元内閣総理大臣、中友会最高顧問

日本僑報社が同社主催の「忘れられない中国滞在エピソード」コンクール参加者を中心として2020年に設立。日本各地に点在する中国滞在経験者に交流の場を提供し、日中両国の相互理解を促進するための活動を行っています。正会員、準会員のほか、「中友会e-会員」制度があります。中国滞在経験の有無にかかわらず、日中交流に関心を持ち、本事業の趣旨にご賛同いただける方ならどなたでもご登録いただけます。皆さまのご理解とご協力を切にお願い申し上げます。

☆現在中国在住の方も大歓迎！

「e－会員」ご登録はこちらから ☞

中友会ホームページ **http://duan.jp/cn/chuyukai.htm**

中友會 読む読む 倶楽部

✽ 2023年1月より「**漢語角・日語角**」特別交流会と同時開催 ✽

日中交流に関心を寄せている日本人と中国人の方々が、本を通してより深い絆を築くことを目的として、オンライン読書会を毎月開催しています。今後の新型コロナウイルスの感染拡大の状況を鑑みて、開催形式などを変更する可能性がございます。

参加無料　詳細はHPをご参照ください。**http://duan.jp/4646/** 

「ことづくりの国」日本へ　関口知宏

新疆世界文化遺産図鑑〈永久保存版〉　小島康誉　王衛東

新疆物語～絵本でめぐるシルクロード～　王麒誠

日本の「仕事の鬼」と中国の〈酒鬼〉　冨田昌宏

日中文化DNA解読　尚会鵬

日本語と中国語の落し穴　久佐賀義光

日中友好会館の歩み　村上立躬

二階俊博 ―全身政治家―　石川好

日本人の中国語作文コンクール受賞作品集シリーズ［日中対訳］

段躍中編

① 我們永遠是朋友
② 女児陪我去留学
③ 寄語奥運　寄語中国
④ 我所知道的中国人
⑤ 中国人旅行者のみなさまへ
⑥ Made in Chinaと日本人の生活

中国人の日本語作文コンクール受賞作品集シリーズ

段躍中編

① 日中友好への提言2005
② 壁を取り除きたい
③ 国という枠を越えて
④ 私の知っている日本人
⑤ 中国への日本人の貢献
⑥ メイドインジャパンと中国人の生活
⑦ 甦る日本！今こそ示す日本の底力
⑧ 中国人がいつも大声で喋るのはなんでなのか？
⑨ 中国人の心を動かした「日本力」
⑩ 「御宅（オタク）」と呼ばれても
⑪ なんでそうなるの？
⑫ 訪日中国人「爆買い」以外にできること
⑬ 日本人に伝えたい中国の新しい魅力
⑭ 中国の若者が見つけた日本の新しい魅力
⑮ 東京2020大会に、かなえたい私の夢！
⑯ コロナと闘った中国人たち
⑰ コロナに負けない交流術
⑱ 日中「次の50年」

この本のご感想をお待ちしています！

本書をお買い上げいただき、誠にありがとうございます。本書へのご感想・ご意見を編集部にお伝えいただけますと幸いです。下記の読者感想フォームよりご送信ください。
なお、お寄せいただいた内容は、今後の出版の参考にさせていただくとともに、書籍の宣伝等に使用させていただく場合があります。

日本僑報社 読者感想フォーム

http://duan.jp/46.htm

メールマガジン「日本僑報電子週刊」

登録ページ（無料で購読できます）

http://duan.jp/cn/chuyukai_touroku.htm

中国関連の最新情報や各種イベント情報などを、毎週水曜日に発信しています。

日本僑報社 ホームページ
http://jp.duan.jp

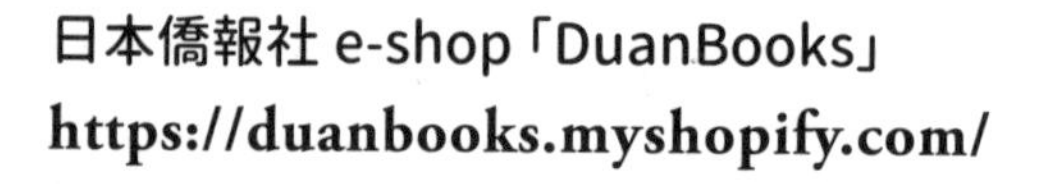

日本僑報社 e-shop「DuanBooks」
https://duanbooks.myshopify.com/